Karin Schumann

Entdecke, was in dir steckt!

Die Magie der Schönheit

Bibliografische Information Der Deutschen Bibliothek
Die Deutsche Bibliothek verzeichnet diese Publikation in der Deutschen National-
bibliografie; detaillierte bibliografische Daten sind im Internet über
http://dnb.ddb.de abrufbar.

Copyright © 2005 Disney Enterprises, Inc.
Alle Rechte vorbehalten.
Super RTL® & © 1996 CLT

Egmont vgs verlagsgesellschaft mbH, Köln 2005
Alle Rechte vorbehalten.
Redaktion: Eva Neisser
Layout und Satz: Metzgerei Strzelecki, Köln
Covergestaltung: Burghardt Sens, Köln
Produktion: Angelika Rekowski / Lisa Hardenbicker
Printed in Germany
ISBN 3-8025-3403-4
Ab 01.01.07
ISBN 978-3-8025-3403-4

Besucht auch unsere Homepage:
www.vgs.de

Inhalt

VORWORT	4
Entdecke, was in dir steckt	4
Die Magie der Schönheit	4
Die W.I.T.C.H.-Freundinnen	5
KAPITEL 1: DAS IDEAL DER SCHÖNHEIT	7
Seltsame Schönheitsideale	8
Berühmte Schönheitsfehler	10
Test: Welche Schönheit steckt in dir?	12
Dein Tagebuch	19
KAPITEL 2: DIE MAGIE DER PERSÖNLICHKEIT	21
Der »Wer bin ich?«-Fragebogen	22
Von wegen schlechte Eigenschaften!	32
W.I.T.C.H.-Geschichte: »Im Land der Gesichtslosen«	36
Dein Tagebuch	40
KAPITEL 3: ZAUBERHAFTE AUSSTRAHLUNG	43
Immer selbstbewusst!	44
Test: Wie kannst du dich ausdrücken?	46
W.I.T.C.H.-Geschichte: »Der magische Maler«	54
Dein Tagebuch	58
KAPITEL 4: DIE SCHÖNHEIT DES HERZENS	59
Test: Bist du offen für andere?	60
Schönheitstricks des Herzens	65
W.I.T.C.H.-Geschichte: »Die Tag- und Nachtinsel«	66
Dein Tagebuch	71
KAPITEL 5: SCHÖNHEITS-ZAUBER	73
Die Kraft der Bewegung und die Magie der Stille	74
Schöner essen	78
Schönheitsrezepte	82
Dein Tagebuch	88
NACHWORT	93

VORWORT

Dieses Buch ist für alle geschrieben, die sich selbst und die Magie der Schönheit besser kennen lernen wollen. Entdecke deine inneren Schätze und zeige sie der ganzen Welt!

Entdecke, was in dir steckt!

Wie würdest du gerne aussehen? Sicher geht es dir nicht einfach nur darum, hübsch auszusehen, denn das trifft auf vieles zu und ist zu beliebig. Rosen in Vasen, T-Shirts in Schaufenstern und Postkarten aus Rom sehen auch alle hübsch aus. Aber das alles ist austauschbar. Du willst viel mehr sein als das: Du willst etwas Besonderes und Einmaliges sein, jemand, an den man sich erinnert. Du willst, dass dich die anderen auf den ersten Blick mögen oder interessant finden. Du willst, dass die Sonne aufgeht, wenn du den Raum betrittst. Kurz gesagt: Du willst bezaubernd sein!

Und genau darin liegt das Geheimnis der Schönheit begründet: Dein Äußeres spiegelt dein Inneres wider – und wenn dein Inneres besonders, einzigartig, interessant, gerecht, tapfer oder liebenswürdig ist, dann werden dich die meisten Menschen auch schön finden.

In jedem Menschen stecken ungeahnte Möglichkeiten und Fähigkeiten, die in die Welt getragen werden wollen. Du brauchst sie nur zu entdecken, zu leben und auf diese Weise sichtbar zu machen. So wirst du jeden Tag schöner!

Das Geheimnis der Schönheit

Das Geheimnis der Schönheit liegt in dir. Um es zu lüften, brauchst du ein bisschen Geduld, denn du begibst dich auf einen langen Weg. Dieser Weg führt dich zu dir selbst, und mit jedem Tag, an dem du unterwegs bist, wirst du ein bisschen schöner. So macht es auch gar nichts, dass die Reise etwas länger dauert. Denn sie lohnt sich und macht Spaß!

Wie du die Magie deiner Persönlichkeit – und damit deiner Schönheit – finden und zum Ausdruck bringen kannst, erfährst du in diesem Buch:

Tests weisen dir den Weg in dein Inneres, Tipps und Rezepte helfen dir dabei, deine innere Schönheit sichtbar zu machen. Mehrere W.I.T.C.H.-Geschichten erzählen dir von Abenteuern der Freundinnen Will, Hay Lin, Irma, Taranee und Cornelia, in denen sie ihre persönliche Magie der Schönheit ergründen. Und was du im Laufe deiner Reise über deine eigene Persönlichkeit und Schönheit herausfindest, kannst du am Ende jedes Kapitels in deinem Tagebuch festhalten.

Deine Forschungsreise beginnt mit der Frage: Was ist eigentlich schön? Dabei wirst du feststellen, dass das, was wir schön finden, nur zum Teil von der Mode abhängt oder von einem allgemeinen Schönheitsideal. Mode und Schönheitsideale ändern sich nämlich andauernd. Auf Dauer finden wir aber nur diejenigen schön, die eine schöne oder interessante Persönlichkeit haben.

Was für eine Persönlichkeit du hast, erfährst du im Kapitel: Die Magie der Persönlichkeit. Nach und nach findest du heraus, wer du bist. Du ergründest deine guten, aber auch deine – so genannten – schlechten Eigenschaften. Sie alle können dich schöner machen, wenn du sie mutig einsetzt. Eine bezaubernde Ausstrahlung gewinnst du, indem du zeigst, was in dir steckt. Erfahre, wie das geht und wie du immer selbstbewusst sein kannst.

Für wen willst du schön sein? Erkunde die Schönheit deines Herzens, damit deine Schönheit dort ankommt, wo du sie haben möchtest: in den Augen und Herzen der anderen. Allerlei praktischen Schönheitszauber findest du im letzten Kapitel: Erfahre, wie wichtig Bewegung und Stille für die Schönheit sind, wie du dich schöner essen kannst, anstatt dich schön zu hungern, und wie du deinen Körper mit einfachen Schönheitsrezepten pflegen kannst.

Die W.I.T.C.H.-Freundinnen

In diesem Buch findest du mehrere Geschichten über die W.I.T.C.H.-Freundinnen, denn diese Mädchen haben viel mit dir gemeinsam: Einerseits scheinen sie ganz normale Mädchen zu sein, doch andererseits schlummern großartige Kräfte in ihnen!

Was bedeutet eigentlich »W.I.T.C.H.«?
Zum einen ist »witch« das englische Wort für Hexe. Es bezeichnet also jemanden, der zaubern kann. Zum anderen handelt es sich um fünf Anfangsbuchstaben. Die

Anfangsbuchstaben der Freundinnen: Will, Irma, Taranee, Cornelia und Hay Lin.

Diese fünf Mädchen wurden eines Tages vom Orakel des überirdischen Reiches Kandrakar zu so genannten Wächterinnen auserwählt. Sie sollen diese und andere Welten vor dunklen Mächten schützen. Wenn die Hilfe der Wächterinnen gebraucht wird, können sich die fünf Mädchen verwandeln. Dabei verfügt jede von ihnen über eine ganz besondere Magie: Cornelia ist mit den Kräften der Erde und der Natur verbunden. Taranee beherrscht die Magie des Feuers, Hay Lin verfügt über die Zauberkräfte der Luft. Irmas Element ist das Wasser. Will steht die wichtigste aller Kräfte zur Verfügung: die kosmische Energie, die alle anderen Kräfte in Einklang bringt.

Was hat das nun alles mit Schönheit zu tun? Diese Frage ist berechtigt, denn Zauberkräfte alleine machen noch nicht schön. Es kommt darauf an, wie man sie benutzt: wenn man ihnen gewachsen ist, sie sinnvoll einsetzt und es einem gelingt, den eigenen unverwechselbaren Charakter mit den Zauberkräften zu vereinen, dann – und erst dann – setzt die Verwandlung ein. Die Verwandlung ist hauptsächlich eine innere, und weniger eine äußere wie bei Will und ihren Freundinnen. Bei den W.I.T.C.H.-Freundinnen handelt es sich ja um eine plötzliche Verwandlung, die immer nur von kurzer Dauer ist. Du aber kannst dich für immer verwandeln, wenn du entdeckst, wer du bist.

Deine Verwandlung wird langsamer vor sich gehen als bei Will und ihren Freundinnen, wenn sie sich von normalen Schulmädchen in Kriegerinnen verwandeln. Dafür wird deine Verwandlung niemals enden: Was du gewinnst, das bleibt dir erhalten. Lerne dich kennen, mit allen Licht- und Schattenseiten, und bringe dieses Bild deiner Persönlichkeit zum Ausdruck. Darin liegt die **Magie der Schönheit**. Bist du bereit? Keine Sorge, die W.I.T.C.H.-Freundinnen werden dir auf deiner Reise zu dir selbst beistehen. Ihre Schönheit steckt auch in dir!

DAS IDEAL DER SCHÖNHEIT

1

Was ist Schönheit eigentlich? Gibt es ein Naturgesetz, das festlegt, was schön ist und was nicht? Bist du hässlich, wenn du einen Schönheitsfehler hast? Was findest du schön? Und was findest du an dir selbst schön? In diesem Kapitel findest du ein paar Antworten auf diese Fragen.

Staune über **die komischen Schönheitsideale,** die zu anderen Zeiten oder an anderen Orten galten oder was dort auch heute nach als schön gilt.
Wenn du dir die Geschichten über **berühmte Schönheitsfehler** durchliest, wird dir klar werden, wie sehr die Schönheit eines Menschen von seiner Persönlichkeit abhängt.
Der Test: **»Welche Schönheit steckt in dir?«,** verrät dir, welche deiner persönlichen Eigenschaften dich besonders schön machen können.
Und schreib am Schluss in **dein Tagebuch,** was du persönlich schön findest und was Schönheit für dich bedeutet!

Seltsame Schönheitsideale

Hast du dich schon mal darüber gewundert, dass deine alte Lieblingshose auf einmal so uncool aussieht? Oder dass du vor ein paar Jahren mit diesem peinlichen Haarschnitt herumgelaufen bist? Offenbar gibt es kein Naturgesetz, das dauerhaft festlegt, was schön oder hässlich ist. So erklären sich vielleicht auch die Geschmacksverirrungen unserer Vorfahren.

Mona Lisa
Anfang des 16. Jahrhunderts malte der Maler Leonardo da Vinci seine berühmte Mona Lisa. Damals galt sie als Inbegriff des schönen, vollkommen proportionierten Menschen. Würdest du einer echten Mona Lisa heute auf der Straße begegnen – du würdest vermutlich nicht auf die Idee kommen, sie für eine Schönheit zu halten.

Anmutiges Übergewicht
Im 17. Jahrhundert war die Traumfrau blass und übergewichtig. Man sieht solche Frauen auf den Bildern des Malers Peter Paul Rubens. Bleiche Fettpolster im Gesicht, auf den Hüften und am Bauch ließen eine Frau reich und vornehm erscheinen. Man konnte ihr ansehen, dass sie nicht arbeiten musste und genug zu essen hatte. Heute würden ihr die meisten Menschen ein Buch über gesunde Ernährung in die Hand drücken.

Puder, Parfüm und Perücken
Im 18. Jahrhundert machte der europäische Adel einen großen Bogen um Wasser, Seife und Badewannen. Was wir heute als hygienisch empfinden, galt damals als unmoralisch und sogar schädlich. Die feinen Damen und Herren übertünchten Schmutz und Pickel mit Puder. Vornehm waren weiße Gesichter mit rot geschminkten Backen und schwarzen Schönheitspflästerchen. Schweißgeruch wurde durch Parfüm überdeckt, auf dem ungewaschenen Kopf trugen Männer und Frauen kunstvolle Perücken. Eine schöne Vorstellung? Für uns eher abstoßend.

Verstümmelte Füße

Bis vor nicht allzu langer Zeit galten in China bei Frauen winzige Füße als besonders schön. Schon kleinen Mädchen wurden die Füße deshalb so fest bandagiert, dass sie nicht mehr wachsen konnten und klein blieben. Mit solchen Füßen konnte eine erwachsene Frau kaum noch laufen und hatte starke Schmerzen.

Monströse Lippen, verformte Köpfe

Einige Stämme in Afrika pflegen auch heute noch uralte Schönheitsideale, die uns seltsam erscheinen: In einem äthiopischen Stamm tragen Frauen tellergroße Tonscheiben in ihren Lippen. Bei einigen ostafrikanischen Stämmen werden die Schädel von Kindern so eingeschnürt, dass sie in die Länge wachsen. Weit verbreitet ist auch der Brauch, sich Muster in die Haut zu ritzen und die Wunden mit Sand einzureiben, damit ein dauerhaftes Muster aus Narben auf der Haut entsteht. Dieser Brauch ähnelt dem so genannten »Branding«, das bei uns immer mehr in Mode kommt. Hier werden Muster in die Haut gebrannt, sodass Narben entstehen.

Mieder und Hungerfiguren

Im 19. Jahrhundert ließen sich die europäischen Frauen in unbequeme Mieder schnüren, damit sie eine besonders schmale Taille hatten. Atemnot und sogar gebrochene Rippen konnten die Folge sein. In den 70er-Jahren kam mit dem dürren Model Twiggy ein weiteres fragwürdiges Schlankheitsideal in Mode. Auch heute noch müssen die meisten Models hungern, um dünn genug für den Laufsteg zu sein.

Operationen und Magersucht

Die Menschen der Zukunft werden sich eines Tages auch über unsere Schönheitsideale wundern. Viel zu viele Menschen lassen sich aufschneiden und wieder zunähen, um angeblich schöner zu werden. Viel zu viele Menschen leiden täglich an Hunger, um schlank zu bleiben. Viel zu viele Menschen schämen sich für ihr natürliches Gewicht. Und viel zu viele Mädchen sterben an Magersucht, weil sie nicht aufhören können, sich für ihr Schönheitsideal zu Grunde zu richten.

Es gibt aber zum Glück Menschen, die mit sich selbst einverstanden sind. Sie betrachten ihren Körper als Geschenk und nicht als unvollkommene Baustelle. Diese Einheit von Seele und Körper verleiht solchen Menschen eine wunderbare Ausstrahlung.

Berühmte Schönheitsfehler

Müssen Schönheitsfehler ausradiert werden? Und was ist das überhaupt: ein Schönheitsfehler? Ist es vielleicht ein Fehler in unserer Wahrnehmung? Oder ein Fehler, der weniger das Aussehen eines Menschen betrifft als seine Persönlichkeit? Wenn du jemanden nicht leiden kannst, wirst du vermutlich viel schneller über die Form seiner Ohren oder die zu krumme Nase lästern als bei einer Person, die du sehr gern hast. Wirf einen Blick auf ein paar wirklich schöne Stars – und was sie aus ihren vermeintlichen Schönheitsfehlern gemacht haben!

Julia Roberts

Als Julia Roberts noch zur Schule ging, hat sie versucht, ihre Oberlippe so zu schminken, dass sie wie die der anderen Mädchen aussah. Julia fehlt nämlich dieser kleine Knick unterhalb der Nasenspitze am oberen Rand. Als sie dann aber mit ihrem Film »Pretty Woman« zum Superstar wurde, wollten alle Mädchen so eine Lippe haben wie sie – und schminkten sich den Knick mit Lippenstift weg.

Anastacia

Die Sängerin Anastacia musste zu Beginn ihrer Karriere darum kämpfen, eine Brille tragen zu dürfen. »Weg mit der Brille!« und: »Brillen sind hässlich, so wirst du keine Platten verkaufen!«, befahlen die Manager der Plattenfirmen. Aber Anastacia setzte sich durch. Sie trug Brillen in allen Formen und Farben und verkaufte jede Menge Platten. Ihre Brillen wurden zu ihrem persönlichen Merkmal.

Meryl Streep

Meryl Streep hat schon so viele Oscar-Nominierungen bekommen wie keine andere Schauspielerin. Sie gilt als blasse Schönheit mit Charakter. Tatsächlich hat sie eine ziemlich bucklige, große Nase. Du würdest jammern, wenn du so eine Nase hättest! Aber wenn Meryl Streep eine andere Nase hätte – dann wäre sie nur halb so beeindruckend und vielleicht würde niemand sagen, dass sie eine Schönheit mit Charakter ist.

Madonna

Ist dir schon mal aufgefallen, dass Madonna eine ziemlich große Zahnlücke zwischen ihren beiden Vorderzähnen hat? Madonna ist deswegen nicht weniger cool oder hübsch. Denn bei ihr kam es schon immer mehr darauf an, dass sie eine starke Persönlichkeit hat, immer wieder etwas Neues ausprobiert und Musik macht. Und falls sie sich jemals für ihre Zahnlücke geschämt haben sollte, dann hat sie es bestimmt niemandem verraten!

Cindy Crawford

Cindy Crawford gehört zu den erfolgreichsten Models der Welt – und das schon seit vielen, vielen Jahren. Cindy hat einen auffälligen Leberfleck über ihrem Mund. Als sie zu modeln begann, hat sie überlegt, ob sie ihn wegmachen lassen soll. Doch dann war ihr das zu dumm, schließlich gehörte der Leberfleck ja auch zu ihr. Sie wurde trotzdem berühmt und der Leberfleck wurde es auch. Es gab Zeiten, da malten sich die Mädchen Leberflecken ins Gesicht, um so auszusehen wie Cindy Crawford.

Was also ist ein Schönheitsfehler? Es sieht so aus, als wäre es eher ein Fehler, den wir machen, wenn wir nur nach dem Äußeren gehen. Sobald wir jemanden bewundern und gerne so sein würden wie diese andere Person, dann gewinnt jedes Merkmal dieser Person – ob schön oder hässlich – an Wert und wird zu etwas, was ihr Charakter verleiht. Wenn du dich also für deine Nase, deine Ohren, deine Zähne oder die Stellung deiner Augen schämst, bringst du dich um deine natürlichen Besonderheiten.

Test: Welche Schönheit steckt in dir?

Es gibt so viel, was dich schön machen kann: deine Art zu lachen, die Geschichten, die du erzählen kannst, die Fragen und Wünsche, die dir am Herzen liegen, deine besondere Art zu reden oder zu denken, dein offenes Herz oder auch deine Schüchternheit ... Diese Aufzählung ließe sich endlos fortsetzen. Aber was für ein besonders schönes Talent schlummert in dir und will endlich sichtbar werden? Mach den Test und finde es heraus!

So geht's:
Lies dir die Fragen durch und wähle jeweils die Antwort aus, die am besten zu dir passt. Kreuze die Antwort leicht mit Bleistift an, dann kannst du dein Ergebnis am Ende ausradieren und den Test zu einer anderen Zeit noch einmal machen.

1 In der Nacht hast du einen tollen Traum: Du bist etwas ganz Besonderes! Welcher dieser Träume soll deiner sein?

- [X] Ich bin eine Superheldin, die mit übermenschlichen Kräften für die Gerechtigkeit kämpft.
- [ ] Ich bin der Star in einer witzigen Hollywood-Komödie.
- [ ] Ich bin die Königin eines wunderschönen Märchenreichs.
- [ ] Ich bin eine gute Hexe, die mit Bäumen und Tieren sprechen kann.
- [ ] Ich bin eine Meerjungfrau mit Schmetterlingsflügeln.

2 Du gehst mit deinem Hund im Wald spazieren. Worüber denkst du wohl nach?

- ☐ Ich überlege, ob ich meine Haare färben sollte oder was ich mir als nächstes zum Anziehen kaufen könnte.
- ☐ Ich denke mir eine Geschichte aus, die ich zu Hause in ein besonders schönes Notizbuch schreiben werde.
- ☒ Ich denke nicht viel. Ich höre den Vögeln zu, sehe mir die Bäume an und unterhalte mich mit meinem Hund über das Wetter.
- ☐ Wenn ich mein Handy dabei habe, telefoniere ich wahrscheinlich mit einer Freundin oder verschicke ein paar SMS.
- ☐ Ich renne mit meinem Hund um die Wette. Vielleicht joggen wir auch zusammen oder ich werfe ihm Stöcke.

3 Im Wald entdeckst du einen hübschen Jungen aus dem Feenreich. Wie gelingt es dir, ihn auf dich aufmerksam zu machen?

- ☒ Ich winke ihm zu und rufe: »Ich hab mich verlaufen! Kannst du mir helfen?«
- ☐ Ich setze mich auf einen großen Stein in seiner Nähe und kämme mein Haar.
- ☐ Ich bleibe vor ihm stehen und schaue ihm in die Augen. Darauf muss er reagieren.
- ☐ Wenn ich mich traue, rufe ich »Hallo!« und frage ihn nach seinem Namen.
- ☐ Ich lache ihm zu und versichere ihm, dass er vor meinem Hund keine Angst haben muss.

4 Du kommst tatsächlich mit dem Jungen ins Gespräch. Er hat bläuliche Haut und spitze Ohren, sieht aber sehr gut aus. Welcher Gedanke spukt dir im Kopf herum?

- Die anderen werden mir nie glauben, dass ich mit so einem Jungen gesprochen habe!
- Er ist so interessant, und ich bin so normal. Komisch, dass er mit mir spricht.
- Er ist wirklich süß, aber was soll ich mit einem Freund, der im Wald lebt?
- Ob mir auch solche Ohren wachsen, wenn er mich küsst?
- ✗ Mir spukt nichts im Kopf herum. Was ich denke, das sage ich auch.

5 Plötzlich zieht ein Gewitter auf und der Junge sagt, er muss gehen. Fragst du ihn, ob er dich wiedersehen will?

- Nein, natürlich nicht. Wenn er will, wird er schon was sagen.
- ✗ Ich frage ganz harmlos: »Bist du öfter hier unterwegs?«
- Ja, ich frage ihn, damit ich weiß, woran ich bin.
- Ich frage ihn nach seiner Telefonnummer – mal sehen, was er darauf antwortet.
- Nein, das traue ich mich nicht. Aber ich werde wieder in den Wald gehen und nach ihm Ausschau halten.

6 Natürlich glaubt dir keiner, als du von dem Jungen erzählst. Vielleicht versuchst du es nicht einmal. Wie wirkt sich das alles auf deine Stimmung aus?

- [✗] Ich bin trotzdem froh. Mir ist etwas ganz Besonderes passiert. Wer weiß, was sich noch daraus ergibt?
- [ ] Ich lasse nicht locker. Ich werde den anderen so lange von meinem Erlebnis erzählen, bis sie mir glauben.
- [ ] Ich werde traurig und sehnsüchtig. Es ist, als hätte es unsere Begegnung nie gegeben.
- [ ] Die Welt steckt voller Wunder. Dieser Gedanke versetzt mich in Hochstimmung.
- [ ] Komisch, dass immer mir solche Sachen passieren. Lustig ist es trotzdem.

7 Am nächsten Tag kommt ein Neuer in eure Klasse. Er sieht dem Jungen aus dem Feenreich erstaunlich ähnlich. Was machst du?

- [✗] Ich lächle ihn so an, als würde ich ihn schon lange kennen.
- [ ] Ich starre seine (ganz normalen) Ohren an und kann meinen Blick nicht abwenden.
- [ ] Ich zeige auf den Platz in meiner Nähe und schlage vor, dass er sich dorthin setzt.
- [ ] Ich hoffe, dass das Schicksal ist und wir uns noch näher kennen lernen werden.
- [ ] Ich setze mich aufrecht hin und lächle in mich hinein. Daraus wird bestimmt noch was!

Ergebnis:
Welche Farbe hast du wie oft angekreuzt? Dein Ergebnis findest du unter der Farbe, die du am häufigsten angekreuzt hast. Schwankst du zwischen zwei Farben, sind beide Ergebnisse für dich bedeutsam.

Beachte:
Das Test-Ergebnis betrifft die kommenden Wochen und Monate. In einem halben Jahr wartet vielleicht eine andere Eigenschaft in dir darauf, zum Ausdruck gebracht zu werden. Du kannst den Test dann noch einmal machen und schauen, ob und wie du dich in der Zwischenzeit verändert hast.

Wie Cornelia besitzt du einen natürlichen Sinn für Schönheit und die Begabung, würdevoll und selbstbewusst aufzutreten. Ob du wirklich so selbstbewusst bist, spielt hier keine Rolle. Du widmest dich deinem Aussehen wie ein Künstler seinem Gemälde. Sorgfältig wählt er die Farben aus, überlegt, korrigiert und ist erst zufrieden, wenn sein Bild das ausdrückt, was es ausdrücken soll. Dabei geht es dir nicht darum, perfekt auszusehen wie eine Barbie-Puppe. Du willst durch dein Aussehen vermitteln, wer du bist. Wenn dir das gelingt, empfindest du dich als schön. Diese Liebe zum Ausdruck ist deine Stärke. Doch Vorsicht: Sie kann zur Schwäche werden, wenn sie in Stolz oder Eitelkeit umschlägt.

Dein Schönheitsrezept:
Ausdruck
Dein Schönheitskiller:
Eitelkeit
Darauf solltest du achten:
Zeig deine Gefühle!

Wie bei Taranee steckt auch in dir eine Menge Energie. Diese Energie verlangt nach Taten. Ausreden und Träumereien sind nicht dein Ding. Du kannst schonungslos ehrlich sein, dir und anderen gegenüber. Wusstest du schon, dass in dieser Ehrlichkeit eine ganz besondere Kraft steckt? Indem du niemandem etwas vormachst, lebst du in der Wirklichkeit und kannst dort ganz viel bewegen. Je mehr du dich einsetzt für das, was du für richtig hältst, desto mehr wird man dich bewundern. Tiger sind schön, weil sie so stark sind und gleichzeitig so gewandt. Helden finden wir schön, weil sie nicht nur äußerlich stark sind, sondern auch eine innere Größe besitzen. Von dieser Art kann auch deine Schönheit sein: Energie und Tatkraft im Dienst von guten Gedanken. Die Falle: Im Dienst von selbstsüchtigen Gedanken verkommt deine Stärke zur Selbstherrlichkeit.

Dein Schönheitsrezept:
Stärke und Energie
Dein Schönheitskiller:
Egoismus
Darauf solltest du achten:
Setz dich für das Gute ein!

Wie Irma gehst du auf andere Menschen zu. Sie schätzen deine Offenheit, deine Lebensfreude, deine drolligen Macken, ja, vor allem deine Schwächen, wenn du sie nicht verheimlichst, sondern zu ihnen stehst. In deiner Nähe fällt es anderen leicht, so zu sein, wie sie sind, weil du ihnen das Gefühl gibst, dass jeder mal Fehler machen kann. Du neigst dazu, alles Mögliche über dich selbst und andere zu erzählen. Das kann schon mal peinlich werden, aber es macht dich auch zu einem interessanten und lebendigen Menschen. Es gibt nichts Langweiligeres als Leute, die andauernd Angst haben, sich festzulegen. Die nicht sagen, was sie wollen, die schweigen, auch wenn sie was zu sagen haben, die sich anpassen, um nicht negativ aufzufallen – mit dem Erfolg, dass sie überhaupt nicht auffallen und schon gar nicht positiv. Ganz anders ist das bei dir: Du fällst auf und bleibst den anderen als eigenwillige Persönlichkeit im Gedächtnis.

Dein Schönheitsrezept:
Offenheit
Dein Schönheitskiller:
Gedankenlosigkeit
Darauf solltest du achten:
Hör den anderen zu!

Dein Inneres ist knallbunt und manchmal sehr verrückt. Wenn es dir gelingt, deine farbenfrohen Gedanken in die Wirklichkeit zu bringen, dann verleihen sie dir eine gewinnende Ausstrahlung. So wie Hay Lin eine Oma hat, die in Kandrakar lebt, hast auch du etwas an dir, das nicht von dieser Welt ist. Das macht dich interessant und originell. Du weigerst dich, den Alltag für grau und langweilig zu halten. Du ahnst oder weißt es sogar, dass unter der harmlosen Oberfläche zahlreiche Wunder darauf warten, von dir entdeckt zu werden. Deine Neugierde, deine Fantasie und deine Ideen machen dich unverwechselbar. Das Schöne und Wunderbare spiegelt sich im Glanz deiner Augen. Zeig den anderen diesen Glanz. Wenn du dich jedoch in deiner Traumwelt versteckst, wird niemand deine Schönheit sehen.

Dein Schönheitsrezept:
Fantasie
Dein Schönheitskiller:
Schweigen
Darauf solltest du achten:
Versteck dich nicht!

Dein Schönheitsrezept:
Gefühl
Dein Schönheitskiller:
innere Strafpredigten
Darauf solltest du achten:
Sei stolz auf dich!

Du kennst deine Schwächen und Ängste recht gut. Und dann denkst du: Ach, wäre ich doch selbstbewusster, mutiger und schlagfertiger. Aber das musst du gar nicht sein. Wie bei Will liegt die Schönheit und der Zauber deiner Person gerade darin, dass du so bist wie du bist. Du darfst verwirrt sein und schüchtern und mal schlecht gelaunt. Wichtig ist, dass du zu all dem stehst. Gerade in unseren Gefühlen und Stimmungen liegt unser Charme. Ein scheues Reh mit großen, ängstlichen Augen beeindruckt manche Menschen viel mehr als ein kleiner, schrill kläffender Hund, der sich für stark und mächtig hält. Wahres Selbstbewusstsein bedeutet nämlich nicht, dass wir uns für toll und überlegen halten, sondern dass wir uns selbst gut kennen. Filmstars wie Marilyn Monroe oder James Dean wurden zu Legenden, weil sie all ihre inneren Abgründe auf die Leinwand gebracht haben. Darum sind sie schön, darum behält man sie in Erinnerung.

Dein Tagebuch

Was findest du schön? Schreib in dein Tagebuch, wer oder was dich verzaubert: Das kann ein Sonnenuntergang sein, ein Bild in einer Zeitschrift, ein welkes Blatt, ein Pferd auf einer Weide, ein Mädchen in der Schule, die Augenfarbe eines bestimmten Jungen oder bunte Kaugummis in einem alten Automaten um die Ecke. All das, was du aufschreibst, spiegelt eine Schönheit wider, die auch in dir steckt. In dem, was du schön findest, kannst du dich selbst erkennen.

Was ich schön finde:

Wenn ich ein Pferd sehe auf der weide steht, dann habe ich so ein Gefühl das ich nicht so alein bin. Und das mehr freunde habe als ich denkte.

DIE MAGIE DER PERSÖNLICHKEIT 2

Den Satz: »Schönheit kommt von innen« hast du bestimmt schon öfter gehört. Mit »innen« ist die Persönlichkeit eines Menschen gemeint. Wer du bist, was du kannst und wohin du gehst – all das spiegelt sich in deinem Aussehen wider und kann andere Menschen beeindrucken. Aber wie bekommst du eine Persönlichkeit, die dich schön und interessant macht?

Tatsächlich hast du so eine Persönlichkeit bereits! Schon als Baby warst du einzigartig, du hattest bestimmte Vorlieben und Abneigungen. Mit jeder Erfahrung, die du seitdem gemacht hast, wurde deine Persönlichkeit interessanter und vielschichtiger. Und alle Erfahrungen, die du noch machen wirst, wirken genauso auf dich.

Entdecke deine Persönlichkeit, damit du sie zur Geltung bringen kannst: Wie sehen deine Wünsche, Träume und Ängste aus? Wo liegen deine Stärken und Schwächen? Fülle den **»Wer bin ich?«-Fragebogen** aus, um herauszufinden, wer du bist und was du vermagst. Nimm anschließend deine angeblich **schlechten Eigenschaften** unter die Lupe – sind diese Eigenschaften wirklich so schlecht? Begleite Will in der **W.I.T.C.H.-Geschichte »Im Land der Gesichtslosen«** in eine seltsame Welt, in der nur zählt, was ein Mensch über sich selbst mit Gewissheit weiß. Fülle schließlich in **deinem Tagebuch** deinen **persönlichen Steckbrief** aus.

Der »Wer bin ich?«-Fragebogen

Teil 1
Beantworte die folgenden Fragen ehrlich und aufmerksam.
Du wirst dabei eine Menge über dich herausfinden.

1 Eine Fee fragt dich nach deinen drei besten Eigenschaften. Welche Eigenschaften nennst du?

Erlichkeid, Mat, fantersie-fol

2 Eine böse Hexe hat dir eine Falle gestellt. Sie lässt dich nur frei, wenn du ihr drei richtig schlechte Eigenschaften von dir nennen kannst. Welche Eigenschaften sind das?

Pünllichkeit, za dehlken übelegen

3 Was war der schönste Traum, den du jemals geträumt hast?

Ich war eine witch besser gesagt war ich will wo in fersehen rein kann mit den Herzvon kandakkar

4 An deiner Zimmertür hängt ein leeres Schild. Was schreibst du darauf? (Das kann ein Spruch sein, eine Beschreibung, eine Einladung, ein Rätsel ... Eben das, was dir am besten gefällt!)

Das nimand rein kommen soll

5 Würdest du gerne berühmt werden? Und wenn ja, als was?

Nein! ich will nicht berühmt werden.

6 Stell dir vor, du wärst eine Schriftstellerin. Worüber würdest du schreiben? Wo würde dein nächster Roman spielen? Wie würde der Roman enden?

Ich schreibe über meine Freundienien. über die Liebe und freundschaft. Das alle vereint wirde

7 Sicher kennst du die Frage mit der Insel: Welche drei Dinge würdest du auf eine einsame Insel mitnehmen? Alles, was du zum Überleben brauchst, ist schon da. Es geht also mehr um deine persönlichen Lieblingsdinge.

Ein Buch über das leben ein Messer ein Seil

8 Wenn du in einem berühmten Film mitspielen dürftest, welcher Film wäre das? Und wen willst du darin spielen?

Flach der Karibck Käbte ~~schock~~ jack ~~sateb~~ Seeräuberin also jacks Braut.

9 Welche Sportart macht dir am meisten Spaß? Und welche Sportart kannst du nicht ausstehen?

~~wettrennen~~ renne das ich anm die Wetterennen bei Fayßball

10 Was ist deiner Ansicht nach das Wichtigste im Leben? Achtung – das ist eine schwere Frage! Zähle ein paar Sachen auf, die dir wichtig sind. Überlege dir dann, was davon das Wichtigste ist.

Meine Familie, 1
Meine Freundinen, 3
Meine Fantasie, 2
Meine Tiere, 4

Teil 2

Nun hast du schon einige interessante Dinge über deine Persönlichkeit aufgeschrieben. Aber es gibt noch viel mehr über dich zu sagen! Vervollständige die folgenden Sätze!

11 Wenn ich schlecht gelaunt bin, dann ...
höre ich Musick oder ich schau Fehrnsehen

12 Ich bin die Einzige in meiner Familie, die ...
grüne Augen
fantasie

13 Ich wünschte, ich könnte ...
mich ferwandeln
die Zeit zurück-
drehen

14 Am meisten fürchte ich mich vor …
Weiß ich nicht

15 Wenn ich die Welt verändern könnte, würde ich …
Keine Ahnung

16 Jeder Mensch sollte …

17 Wenn ich mutiger wäre, würde ich ...

Menge wo ich mich ergern warde wil ich böste

18 Traurig macht mich ...

19 Am meisten lache ich über ...

20 Unglücklich war ich das letzte Mal, als ich …

....
....
....
....

21 Ein Wunder ist für mich, wenn …

....
....
....
....

22 Ich mag besonders an mir, dass …

....
....
....
....

23 An meinem Spiegelbild gefällt mir ...

meine Augen also
mein Gesicht dazu
meine Haare

24 Ich verstehe nicht, warum ich immer ...

Teil 3

Hast du die Nase voll davon, über dich selbst zu schreiben? Wenn ja, dann mach eine Pause, denn bei der nächsten Frage musst du noch mal richtig nachdenken.

Wenn du lieber gleich weitermachen willst – dann leg los!

25 Stell dir vor, du feierst deinen 88. Geburtstag. So viele Jahre sind vergangen, nun kannst du dir dein ganzes Leben noch einmal genau ansehen. Was bringt dich an deinem 88. Geburtstag zum Lächeln? Was werden deine schönsten Erinnerungen sein? Was soll das für ein Leben sein, auf das du zurückblickst?

....
....
....
....
....
....
....
....
....
....

Hast du diese Frage ganz ehrlich beantwortet? Stell dir diese Frage immer wieder, sie ist sehr wichtig! So behältst du im Auge, worauf es dir wirklich ankommt. Und wenn du dann wirklich mal 88 wirst, dann musst du dir nicht vorwerfen, dass du dein Leben verschwendet hast.

Von wegen schlechte Eigenschaften!

Zu einem Fragebogen gehören Antworten. Und sobald es um deine Persönlichkeit geht, gibt es keine richtigen oder falschen Antworten – es gibt nur ehrliche Antworten. Die ehrlichen Antworten sind es, die dich weiterbringen.

Ehrlich zu sein ist aber gar nicht so leicht

Natürlich macht es wenig Spaß, die eigenen Fehler oder Schwächen zu erkennen ... es sei denn, in diesen angeblichen Fehlern, Schwächen oder schlechten Eigenschaften liegen in Wirklichkeit Stärken verborgen. Und vielleicht ist es sogar so, dass das meiste, was du an dir schlecht findest, gar nicht so schlecht ist. Womöglich verleugnest du sogar deine größten Stärken!

Welche – so genannten – schlechten Eigenschaften hast du? Sieh dir am Beispiel von **Faulheit und Wut** an, wofür schlechte Eigenschaften gut sein können. Du kannst sicher sein: Jede Schwäche kann auch zur Stärke werden, genauso wie jede Stärke auch eine Schwäche sein kann.

Faulheit

Wer sagt, dass Faulheit nur schlecht ist? Aus der Faulheit können so viele gute Eigenschaften und Fähigkeiten hervorgehen. Zum Beispiel ...

... Besonnenheit

Du denkst, bevor du handelst, weil Denken weniger anstrengend ist und du dir dadurch überflüssige Handlungen ersparen kannst.

... Gelassenheit
Du hast die Ruhe weg, weil du es dir erlaubst, Dinge gemütlich anzugehen.

... Geduld
Du lässt dir und anderen Zeit.

... Fantasie
Während du nichts tust, schickst du deine Gedanken auf Reisen.

... Klugheit
Du nutzt deinen Geist, um den Arbeitsaufwand gering zu halten.

... Kraft
In der Ruhe liegt bekanntlich die Kraft. In deinen Ruhepausen sammelst du Energie.

... interessante Gedanken
Wer auf den ersten Blick nichts tut, denkt in der Regel viel. Man lässt die Welt auf sich wirken und gelangt zu tieferen Einsichten.

... Liebe zum Leben
Du quälst dich nicht unnötig, sondern lässt es dir gut gehen.

... Großzügigkeit
Was du dir selbst gönnst, das gönnst du auch den anderen.

Faulheit ist nur dann schlecht, wenn du ...
... die ganze Zeit ein schlechtes Gewissen hast.
... aufhörst, dich für das Leben um dich herum zu interessieren.
... nicht das tust, was dir wirklich wichtig ist.
... notwendige Arbeiten immer wieder aufschiebst und davon schlechte Laune bekommst.
... dir eine schöne Zeit auf Kosten anderer machst.

Wer faul ist, verweigert sich dem Stress, der Hast, der Unruhe und der Gedankenlosigkeit. Nutze deinen Hang zum Ausspannen: Wenn du loslässt und dich entspannst, kannst du wachsen. Menschen, die eine starke innere Ruhe besitzen, haben eine magische Ausstrahlung. Sie spiegeln die Schönheit der Welt und des Lebens wider.

Hass und Wut

Du denkst, aus solchen Gefühlen kann nichts Gutes hervorgehen? Da täuschst du dich. Außerdem verschwinden diese Gefühle nicht, wenn du sie unterdrückst oder verleugnest. Hass und Wut suchen sich ihren Weg. Da ist es doch besser, du zeigst ihnen, wo es langgeht. In diesen Gefühlen liegt auch …

… Stärke

Wut macht stark. Wer seine Wut verleugnet, richtet diese Kraft gegen sich selbst – und das macht schwach. Wenn du die Kraft nach außen richtest, kannst du dich durchsetzen.

… Selbstschutz

Angriff ist manchmal die beste Verteidigung, und es tut gut, kein hilfloses Opfer zu sein, sondern den Mensch, der sich wehren kann.

… Macht

Du bist kein Mäuschen, du kannst auch ein Löwe sein.

… Charakter

Du magst eben nicht alles und jeden. Aber was du magst, das magst du richtig!

… Gerechtigkeit

Ungerechtigkeit muss uns wütend machen – sonst können wir nichts dagegen unternehmen.

… Mut

Du bist stark genug, um deinen Widersachern die Stirn zu bieten.

… Liebe

Liebe und Hass sind wie Licht und Schatten. Licht ohne Schatten gibt es nicht – und Schatten ohne Licht auch nicht.

… Heilung

Wer den Schmerz und den Zorn zulassen kann, kommt über Verletzungen leichter hinweg.

Hass und Zorn sind nur dann schlecht, wenn du ...

... so tust, als wären diese Gefühle nicht da.
... ihnen freien Lauf lässt und ungerecht bist.
... nicht darüber nachdenkst, warum du wütend bist.
... anderen verschweigst, was du ihnen übel nimmst.
... glaubst, diese Gefühle gäben dir das Recht, andere zu verletzen.

Wer sich selbst gut kennt, weiß mit diesen Gefühlen umzugehen und macht etwas Gutes daraus. Menschen, die es verstehen, Wut und Hass in gerechte Stärke zu verwandeln, sind besonders beeindruckend und schön! Das ist der Stoff, aus dem wahre Helden sind.

Aus jeder Eigenschaft lässt sich etwas Gutes machen. Die Hauptsache ist, dass du diese Eigenschaft kennen lernst. Je mehr du über dich selbst weißt, desto mehr kannst du aus dir und deinem Leben machen. Du hast es in der Hand! Für Will wurde diese Erkenntnis überlebenswichtig, als sie in das Land der Gesichtslosen geriet ...

Im Land der Gesichtslosen

Eben kämpfte Will noch mit ihren Freundinnen gegen einen großen dunklen Schatten – doch dann verschwand plötzlich die Welt um sie herum!

»Nimm das!«, schrie Taranee und schleuderte einen Feuerball gegen den großen Schatten, der sie bedrohte. Doch das Feuer flog durch den Schatten hindurch und Will musste in Deckung gehen, um nicht davon getroffen zu werden. Dieser Feind, gegen den die W.I.T.C.H.-Kriegerinnen hier antreten mussten, war alles andere als harmlos. Keine Waffe, die sie gegen ihn richteten, hatte ihm bis jetzt etwas anhaben können. Umgekehrt verhielt es sich anders: Er warf die Kriegerinnen mit einer einzigen Handbewegung zu Boden.

Als Will sich wieder aufrichtete, wurde es plötzlich dunkel um sie.

»He, wo seid ihr?«, rief sie und blickte wie wild um sich, während sich ihre Angst zu blanker Panik steigerte. Ihre Freundinnen waren verschwunden, auch der Schatten war fort und es war unheimlich still. Um sie herum war es weder Tag noch Nacht. Will befand sich in einem Zwielicht, in dem sie Berge, Häuser oder Bäume erkannt hätte, wenn es welche gegeben hätte. Aber da war nichts. Will sah an sich hinab: Sie war keine Kriegerin mehr, sie hatte sich zurückverwandelt in ... Ja, in wen eigentlich? Will stellte fest, dass sie ihren eigenen Namen vergessen hatte. Auch konnte sie sich nicht daran erinnern, wie ihr Gesicht ausgesehen hatte. Das war ein ganz komisches Gefühl!

Will verstand nicht, wie sie hierher gekommen war.

Sie stand auf einer Ebene, die genauso grau-grün war wie der Himmel darüber. Sie konnte nichts entdecken, was ihr geholfen hätte, hier wieder herauszukommen. Keine Tür, kein Tor, keinen Schalter, den sie hätte umlegen können. Was sollte sie tun? Sie beschloss, in irgendeine Richtung zu gehen. Sie ging und ging, aber die Einöde veränderte sich nicht. Sie fand keinen Weg, keine Spur von Menschen und auch keinen Widerschein der Sonne am Himmel. Es war alles ein Grau in Grau. Immerhin empfand Will keinen Hunger oder Durst, obwohl es ihr vorkam, als sei sie schon Stunden unterwegs. Schließlich setzte sie sich, ohne jedoch wirklich müde zu sein, auf den Boden.

Wozu sollte sie weitergehen, wenn sie doch nirgendwo ankam?

Sie untersuchte ihre Hosentaschen und fand in der einen eine Haarspange. Eine Haarspange in Frosch-Form! Sie konnte sich nicht erinnern, wann sie diese Haarspange zum letzten Mal getragen hatte, doch sie fühlte etwas in ihrem Herzen, als sie sie betrachtete. Frösche! Sie liebte Frösche! Die Landschaft veränderte sich mit dieser Erkenntnis: Auf der eintönigen Ebene entstanden blaugrüne Teiche, und um die Teiche herum wuchs Schilfgras.
   »So geht das also«, sagte Will. »Ich muss mich also an möglichst viel erinnern.« Da sie nichts mehr in ihren Taschen fand, betrachtete sie ihr T-Shirt, ihre Hosen und dann ihre Schuhe. Ja – das war es! Sie hatte schon mal ihre Schuhe betrachtet, als sie ganz verlegen gewesen war. Sie hatte sich nicht getraut, Matt in die Augen zu sehen, weil sie dachte, er könnte vielleicht sehen, was sie fühlte. Kaum erinnerte sich Will an diese Situation, entdeckte sie Menschen um sich herum. Oder waren es Geister?

Diese Geschöpfe waren halb durchsichtig und hatten keine Gesichter.

»Ich muss herausfinden, wer ich bin«, sagte Will. »Ich wette, sobald ich es weiß, kann ich nach Hause zurückkehren. Nach Hause! Ich habe keine Ahnung, wie es da ausgesehen hat. Aber ich bin mir sicher, dass ich gerne zu Hause war. Manchmal hatte ich Probleme, aber damit kam ich klar. Ich kann auch kämpfen, ja, jetzt erinnere ich mich: Ich bin eine Kriegerin so wie meine Freundinnen!« Will merkte nun, dass die Menschen um sie herum weniger durchsichtig wirkten. Außerdem drängelten sie sich geradezu an Will heran, als wäre sie ein gefeierter Star oder etwas in der Art.

»Was wollen die bloß von mir?«, überlegte Will. »Ich bin doch nur Will. Will Vandom aus Heatherfield, jetzt fällt's mir wieder ein!« Mit den Menschen, die Will umdrängten, ging nun eine Veränderung vor sich. Bisher hatten sie keine Gesichter gehabt, doch jetzt bekamen sie Augen, Münder, Haare und Nasen. Aber etwas irritierte sie:

Sie hatten alle das gleiche Gesicht - es war Wills Gesicht!

Und sie klatschten in die Hände, als hätte ihnen Will eine tolle Geschichte erzählt. »Danke!«, riefen sie ihr aus Wills Mündern zu. »Vielen Dank!«

Will war sehr verwirrt. Aber sie wusste nun ganz sicher, wer sie war. Die vielen Menschen mit Wills Gesichtern verblassten. Sie lösten sich auf wie Nebel, und hinter dem Nebel kam die normale Welt von Heatherfield zum Vorschein.

»Will!«, rief Hay Lin. »Da bist du ja! Wo warst du bloß?«

»Wir dachten, das Schattenmonster hätte dich gefressen«, sagte Irma. »Wo ist es überhaupt?«

»Das hat sich verzogen«, meinte Cornelia. »Und zwar hoffentlich für immer!«

Will sah sich nach allen Seiten um, konnte aber keinen Schatten mehr entdecken.

Sie hatte das Gefühl, dass er gar nicht so böse gewesen war, wie sie zuerst geglaubt hatten.

Vielleicht war er aus dem Land der Gesichtslosen nach Heatherfield gekommen, weil er Hunger nach Gesichtern gehabt hatte. Er hatte Will entführt und mit nach Hause genommen. In seinem Land musste sich Will mühsam daran erinnern, wer sie eigentlich war. Doch jede Erinnerung, die sie in dieses Land holte, konnten die Gesichtslosen benutzen. Sie machten Froschteiche daraus und nahmen die Form von Menschen an. Bald trugen sie Wills Gesichter und freuten sich darüber. Wie hätte Will ihnen böse sein können? Schließlich hatte sie ja auch dank ihrer Erinnerungen nach Hause gefunden, und jetzt war alles wieder gut.

Aber was wäre aus ihr geworden, wenn sie in dem fremden Land nicht herausgefunden hätte, wer sie tatsächlich war? Wäre sie dann auch zu einem gesichtslosen Schatten geworden? Daran wollte sie lieber nicht denken. Was für eine gruselige Vorstellung!

Dein Tagebuch

Wer bist du? Fülle deinen Steckbrief aus, damit du für immer weißt, wer du hier und heute gewesen bist!

NAME Jennifer
ALTER 15
AUGENFARBE blau
HAARFARBE blond

SPITZNAME(N) Jenny
FREUNDE Lisa, Michelle, Sandra
LIEBLINGSTIERE Alle
LIEBLINGSFILM Witch
LIEBLINGSBUCH Witch

AM LIEBSTEN SPIELE ICH
AM LIEBSTEN ESSE ICH Schinkenadeln
AM LUSTIGSTEN FINDE ICH Michelle blösing macht
AM MEISTEN ÄRGERT MICH Domique

Zehn Dinge, die ich liebe:

....
....
....
....
....
....
....
....
....
....

Zehn Dinge, die ich hasse:

....
....
....
....
....
....
....
....
....
....

Wenn ich reich wäre, würde ich ....
....
....

Wenn ich eine Hexe wäre, würde ich ....
....
....

Wenn ich fliegen könnte, würde ich ....
....
....

Wenn ich besonders mutig wäre, könnte ich ....
....
....

ZAUBERHAFTE AUSSTRAHLUNG

3

Weißt du, wer du bist? Wenn dies der Fall ist, dürfte es dir leicht fallen, deine Persönlichkeit zum Ausdruck zu bringen, denn die Eigenart eines Menschen kann sich in allem zeigen, was er tut und wie er sich verhält. In seiner Mimik und Gestik, in seiner Sprache, seinem Styling und vielem mehr. Leider gibt es Menschen, die alles verstecken, was an ihnen besonders ist. Entweder wollen sie nicht auffallen oder möchten eigentlich, trauen sich aber nicht und tun dann alles, um übersehen zu werden.

Es gibt aber auch die Menschen, die ihre Persönlichkeit ausleben. Die zeigen, was sie fühlen, und sagen, was sie denken. Sie machen die Welt bunter mit ihren Ideen, sie lassen einfach heraus, was in ihnen steckt. So etwas nennt man Ausstrahlung! Es ist der Zauber, der einen Menschen umgibt, der Zauber, der einen Menschen schön erscheinen lässt.

Lies in diesem Kapitel, wie du **immer selbstbewusst** sein und werden kannst. Mach den Test: »**Wie kannst du dich ausdrücken?**«, um herauszufinden, wie du dein Inneres sichtbar machen kannst. Lies nach, wie Cornelia in der **W.I.T.C.H.- Geschichte »Der magische Maler«** einem wichtigen Schönheits-Geheimnis auf die Spur kommt. Beschreibe schließlich in **deinem Tagebuch**, wie du aussehen willst und wie die anderen dich sehen sollen.

Immer selbstbewusst!

Hast du auch schon mal diesen tollen Ratschlag bekommen: »Sei mal ein bisschen selbstbewusster!«? Das klingt so, als müsstest du allen die ganze Zeit demonstrieren, wie toll du bist. Wenn du zu so einer schauspielerischen Darbietung keine Lust hast, bist du auf dem richtigen Weg.

Selbstbewusstsein heißt nicht ...

Eine große Klappe ist überflüssig!
Selbstbewusstsein heißt nicht, dass man eine große Klappe hat, sich in den Vordergrund spielt und von allen am lautesten lacht und redet. Auch wenn viele Leute so ein Auftreten mit Selbstbewusstsein verwechseln ... Selbstbewusstsein kann nämlich auch ganz leise vor sich gehen. Je deutlicher du dich fühlst, desto wirkungsvoller ist dein Auftreten.

Halte dich nicht für supertoll!
Selbstbewusstsein heißt auch nicht, dass du dich immer für supertoll und fehlerfrei hältst. Damit würdest du dich ganz schön unter Druck setzen. Niemand kann sich dauernd toll finden, es sei denn, er macht sich etwas vor. Und stell dir mal vor, wohin das führen würde: Wenn sich einer immer toll findet, fehlt ihm die Fähigkeit zur Selbstkritik. Er könnte sich nicht verändern und entwickeln. Und das ist auf Dauer armselig.

Du brauchst nicht cool zu sein
Selbstbewusstsein heißt auch nicht, dass du jeden Streit gewinnst, dich immer durchsetzt, alle auf dich hören und du immer Recht hast. Es heißt nicht, dass du schöner, klüger oder cooler bist als andere. Es heißt nicht, dass du deine Stärken wie Trümpfe ausspielst und ins rechte Licht rückst, während du deine Schwächen versteckst. Wer selbstbewusst ist, muss nicht fürchten, dass die anderen sein wahres Ich erkennen.

Selbstbewusstsein heißt ...

Selbst-Wissen
Bewusstsein kommt von Wissen. Daher reicht es vollkommen, wenn du weißt ...
... wer du bist
... was du kannst
... was du (noch) nicht kannst
... was du gut findest und
... was du schlecht findest.
Viele Leute wissen das nicht, was schade ist, denn dieses Wissen ist nicht schwer zu finden und kann dich sehr weit bringen!

Sei nett zu dir!
Hast du eine Meinung über dich selbst? Kannst du dich verstehen? Hast du ein Herz für dich? Das ist wichtig! Sei in Gedanken nett zu dir, du hast es verdient, dass man nett zu dir ist. Hab dich selber gern. Natürlich darfst du dich an manchen Tagen doof finden. Du findest ja auch andere Menschen, die du magst, manchmal doof. Aber im Großen und Ganzen solltest du ein großes Herz für dich haben und dich mögen.

Ein weiser Standpunkt
Dein Selbstbewusstsein ist unerschütterlich, wenn du weißt, wer du bist, und wenn du dich insgesamt okay findest. Nicht super, nicht außergewöhnlich, sondern okay. Wenn du zu dieser Überzeugung findest, wer kann dich dann noch verunsichern? Sei dir klar darüber, dass du mit dieser Einsicht sehr viel weiter und weiser bist als viele andere Menschen, die sich und anderen jeden Tag beweisen müssen, dass sie toll sind.

Mehr Sein als Schein
Menschen mit echtem Selbstbewusstsein sind beeindruckend. Sie geben einem das Gefühl, dass man selber auch so sein darf, wie man eben ist. Sie wirken interessant und tief, eben weil sie nichts vertuschen. Und sie haben etwas sehr Freundliches und Offenes an sich – weil sie zu sich selbst freundlich sind und nicht die ganze Zeit um Anerkennung kämpfen müssen.

Test:
Wie kannst du dich ausdrücken?

Es gibt viele Mittel und Wege, um sichtbar zu machen, was in dir steckt. Welche Wege passen zu dir? Mach den Test und finde es heraus!

So geht's:
 Lies dir die Fragen durch und wähle bis zu drei Antworten zu jeder Frage aus. Kreuze die Farben und Formen an, die hinter deinen Antworten stehen. Passt mal gar keine Antwort zu dir, machst du kein Kreuz.

1 Bei lebhaften Unterhaltungen bin ich immer diejenige, die …

- ✗ … anderen ins Wort fällt, weil ich mich nicht bremsen kann.
- ▲ … vermittelt und allen Recht gibt.
- ■ … darauf achtet, dass sie einen guten Eindruck hinterlässt.
- ● … zurückhaltend ist und lieber zuhört.
- ✦ … schweigt, weil sie nichts Dummes sagen will.
- ▲ … versucht, etwas Lustiges zu sagen.

2 Meine Freundinnen schätzen an mir, dass ich ...

- ... verständnisvoll bin.
- ... Fantasie und viele Ideen habe.
- ... etwas darstelle.
- ... treu zu ihnen halte.
- ... sie brauche.
- Ich weiß nicht, was meine Freundinnen an mir schätzen.

3 Wenn ich jemanden neu kennen lerne, dann ...

- ... bin ich ein bisschen verkrampft.
- ... schäme ich mich für jeden Versprecher.
- ... bin ich freudig aufgeregt.
- ... rede ich ohne Punkt und Komma.
- ... würde ich mich am liebsten verdrücken.
- ... fühle ich mich nicht anders als sonst auch.

4 Gegenüber anderen Menschen bin ich ...

- ⊠ ... ernst.
- 🔺 ... vorsichtig.
- 🔵 ... bescheiden.
- 🟨 ... ängstlich.
- 🔺 ... vorlaut.
- 🔺 ... aufgedreht.
- ⊗ ... anders als normalerweise.
- 🟡 ... unsicher.
- ⊠ ... möglichst immer nett.
- 🟦 ... am liebsten perfekt.

5 Welchen dieser Sätze sprichst du auch manchmal aus?

- ⊠ »Meine Güte, ist die peinlich!«
- 🟡 »Das würde ich mich nie trauen.«
- ⊕ »Ich habe keine Lust.«
- ⊗ »Nein, entscheide du!«
- 🟩 »So etwas würde ich nie machen.«
- 🟪 »Danke, mir ist alles recht.«
- 🟡 »Das bringt doch sowieso nichts.«

6 Du sprichst zum ersten Mal mit einem Jungen, den du bewunderst. Dabei fühlst du dich wie ...

- ... in einer schweren Prüfung.
- ... ein komisches, kleines Tier.
- ... ein ungelenker Roboter.
- ... auf einer schwankenden Brücke.
- ... im Scheinwerferlicht.
- ... eine Anfängerin auf Roller Blades.
- ... eine Schauspielerin.
- ... ein Fisch, der nur blubbern, aber nicht richtig sprechen kann.

7 Es fällt mir schwer ...

- ... unerfreuliche Wahrheiten auszusprechen.
- ... meine Verlegenheit zu verstecken.
- ... albern zu sein.
- ... mich zu Wort zu melden.
- ... sehr viel über mich zu erzählen.
- ... im Mittelpunkt zu stehen.

Auswertung

Hast du dir zu jeder Frage bis zu drei Antworten ausgesucht? Und hast du dir keine Antwort ausgesucht, wenn nichts gepasst hat? Dann kannst du dir jetzt deine persönlichen Tipps durchlesen: Lies den Text zu jeder Farbe oder Form, die du 5-mal oder häufiger angekreuzt hast.

Natürlich möchtest du auf andere einen guten Eindruck machen, wer möchte das nicht? Darum bemühst du dich, anderen zu gefallen. Du bist der gleichen Meinung, du findest gut, was die anderen sagen, du hast für alles Verständnis und fällst nicht unangenehm auf. Mit anderen Worten: Du bestätigst die anderen in allem, was sie sagen, tun oder denken – aber du selbst bleibst blass. Du unterliegst dem Irrtum, dass du einen guten Eindruck machst, wenn du dich anpasst. Die Wahrheit ist aber: Indem du dich selbst so zurücknimmst, machst du so gut wie gar keinen Eindruck. Traue dich, Ecken und Kanten zu zeigen und mit deiner Meinung auch mal alleine dazustehen. Das macht dich interessant, alles andere ist langweilig.

Ob du es merkst oder nicht: Du machst dich in der Gegenwart anderer Menschen oft klein. Du gibst dir selbst nur wenig Platz. Dein Körper krümmt sich und versucht, möglichst wenig Raum in Anspruch zu nehmen. Und auch deinen Gedanken verbietest du lange Reisen: Du erwartest von dir, dass deine Antworten schnell, richtig und passend sind. Zum Überlegen, Träumen und Genießen lässt du dir keine Zeit. Warum bist du so streng zu dir? Tatsächlich tust du dir damit keinen Gefallen. Achte mal darauf, wenn du mit fremden Menschen sprichst: Atme tief durch, richte dich groß auf, nutze den Raum um dich herum, gestikuliere mit deinen Händen. Lass dir Zeit für die Antworten, mach es dir geistig und räumlich bequem. Wenn dir das schwer fällt, dann übe ein bisschen. Je mehr Platz du dir lässt, desto wichtiger, schöner und eindrucksvoller erscheinst du den anderen.

Interessant ist, wer auch Interesse hat. Wenn du neugierig bist, ein offenes Ohr hast und lebhaft Anteil nimmst an dem, was andere Menschen dir erzählen, dann werden diese anderen Menschen gerne mit dir sprechen. Sie werden finden, dass du ein besonderes Leuchten in den Augen hast. Wer am liebsten nur über sich selber spricht, leicht gelangweilt ist, die anderen nicht ausreden lässt, jedes Wort des Gespräches immer nur auf sich bezieht, der macht sich damit unattraktiv. Natürlich darfst du Quasselstrippen unterbrechen. Miteinander zu sprechen, ist wie Geben und Nehmen: Jeder sollte zu gleichen Teilen erzählen und zuhören.

Die Aufmerksamkeit anderer Menschen macht dich unsicher. Du hast Angst, dass man dir deine Schwächen oder Fehler anmerkt. Und du fürchtest, du könntest dich blamieren. All das kann tatsächlich passieren. Aber das ist gar nicht schlimm! In den Fehlern und Schwächen eines Menschen kann nämlich viel Charme liegen. Manche Mädchen sind sogar besonders hübsch, wenn sie rot werden. Auch ein Versprecher ist menschlich und sympathisch. Und dann kann man ja auch noch lachen, wenn etwas schief geht. Mit so einem Lachen holst du die meisten Menschen auf deine Seite. Lachen und Menschlichkeit, das macht schön. Du brauchst dich also nicht zu verstecken. Trete mit all deinen – vermeintlichen – Nachteilen in Erscheinung. Das braucht etwas Übung und Überwindung, verleiht dir aber auf Dauer das gewisse, bezaubernde Etwas.

Du schweigst lieber statt etwas Überflüssiges oder Dummes zu sagen. Denn Leute, die ohne Punkt und Komma reden und die nie nachdenken, bevor sie etwas sagen, gehen dir schlicht und einfach auf die Nerven. Du bist das Gegenteil: Du denkst nach. Dieses Denken verleiht dir Tiefe – aber nur dann, wenn du dich auch ausdrückst! Du kannst noch so schlau, interessant, fantasievoll, besonders, nett oder tiefsinnig sein, es bringt dir überhaupt nichts, wenn die anderen nichts davon mitbekommen. Für dich gilt: Erzähle, wer du bist, was du dir wünschst, was du fühlst und was du planst. Und wenn es irgendwie in deinen Ohren platt oder langweilig klingt, was du da erzählst, dann erzähle es trotzdem. In allem, was wir von uns geben, steckt unsere Persönlichkeit. Bei dir sowieso, da brauchst du dir gar keine Sorgen zu machen. Aber wenn du nichts von dir gibst, bleibt deine Persönlichkeit unsichtbar.

Du setzt dich total unter Druck. Es ist, als ob dir ständig jemand über die Schulter schaut und sagt: »Sei doch nicht so albern!«, »Mist, jetzt hast du dich schon wieder versprochen!«, »Ist das denn wirklich so wichtig, was du da jetzt erzählst?«, »Was sollen denn die anderen von dir denken?«, »Meine Güte, bist du heute wieder peinlich!«. Es ist deine eigene innere Stimme, die dir da so einen Unsinn erzählt. Damit beraubt sie dich all deiner Leichtigkeit, Freude, Verspieltheit und damit auch deiner Ausstrahlung. Viel wichtiger als dieses ständige Genörgel ist, dass du Spaß daran hast, mit anderen Menschen zusammen zu sein. Das macht dich schön. Sollte dir also mal wieder jemand Unsichtbares über die Schulter schauen und dich kritisieren, dann verbiete ihm, Urteile über dich zu fällen, und lade ihn ein, Spaß zu haben.

Du neigst dazu, dich zurückzuziehen. Ganz alleine für dich bist du am meisten du selbst – findest du. In Gegenwart anderer wirst du dir selbst fremd und alles ist nicht mehr so einfach. Das mag daran liegen, dass du zu hohe Ansprüche an dich stellst; dass du dich zu oft und zu streng mit den Augen der anderen siehst; dass du glaubst, du könntest dein Inneres nicht nach außen bringen; dass du dich zu sehr anpasst und daher jede Begegnung als anstrengend empfindest; dass du verträumt bist und alle anderen Menschen dir so schrecklich realistisch erscheinen. Doch all das muss nicht so sein: Lerne, dich in Gegenwart anderer Menschen wohl zu fühlen. Versuche so zu sein, wie du auch bist, wenn du alleine bist. Schäme dich nicht für das, was du bist. Denn gerade so ein feinfühliger Mensch wie du verfügt über eine ganz besondere Ausstrahlung, wenn er sich nicht andauernd versteckt.

Die
Begeg-
nung mit
anderen Men-
schen versetzt dich in
Aufregung. Du bist so
begeistert oder durcheinander,
dass du ganz atemlos wirst: Du
lässt dir keine Zeit zum Nachdenken,
zum Zuhören oder zum Luftholen. Mach
eine kleine Pause, bevor du losredest. Erlaube
dir, ruhig zu werden und dich zu sammeln. Sei aufmerksam für alles, was rund um dich herum passiert.
Handle nicht überstürzt. Auf diese Weise wirkst du selbstsi-
cherer, stärker und tiefer. Verleihe deiner Aussage Gewicht. Sei
kein gackerndes, flatterndes Huhn, sondern eine bedächtige Raub-
katze, die sich langsam anschleicht und springt, wenn es so weit ist.
Natürlich darf das Ganze nicht anstrengend werden. Du darfst trotzdem
lustig und locker sein. Das Luftholen, die Ruhe und die Entspannung sollen nur
dazu beitragen, dass du solche Begegnungen mehr genießen kannst – und noch
mehr Eindruck machst.

Wie bringt man sein Inneres nach außen? Wie wird man interessant und schön? Cornelia kam dem Geheimnis auf die Spur, als sie einen seltsamen Maler kennen lernte ...

Der magische Maler

Cornelia traute ihren Augen kaum: Konnte dieser Maler wirklich lebendige Blumen auf die Leinwand zaubern?

»Was ist los mit dir?«, fragte Hay Lin, weil Cornelia so ein trauriges Gesicht machte.
  »Ach, nichts«, antwortete Cornelia. Aber das war nicht ganz richtig: Cornelia hatte in dieser Nacht von Caleb geträumt und es war so ein schöner Traum gewesen. Doch mit dem Aufwachen kam die große Enttäuschung: Caleb war ja gar nicht mehr da. Er war in Meridian, unendlich weit weg!

»Weißt du was?«, meinte Hay Lin. »Ich war neulich mit Eric im Botanischen Garten. Da gibt es ganz tolle Gewächshäuser! Wollen wir da heute Nachmittag hingehen?«

Cornelia schüttelte den Kopf. Doch dann ging ihr Hay Lins Vorschlag den ganzen Nachmittag über nicht mehr aus dem Kopf. Nachdem sie ihre Schulaufgaben gemacht hatte, ging sie alleine zum Botanischen Garten. Die Blumen hier waren wirklich schön.

Cornelia seufzte. Caleb war auch mal eine Blume gewesen ...

»He du!«, rief ein Gärtner. »Kannst du diese Rose dem Maler im Gewächshaus bringen? Er wollte sie unbedingt malen.«

Cornelia wandte sich dem Gärtner zu und nickte. Verwundert nahm sie den Topf mit der Rose entgegen und ging zu dem Gewächshaus, das der Gärtner ihr gezeigt hatte. Dort duftete es berauschend und die Blumen waren viel größer und bunter als normalerweise. Cornelia war so beeindruckt, dass sie fast den Maler vergessen hätte, wäre da nicht der Topf mit der Rose in ihren Händen gewesen. Also suchte sie in diesem Dschungel von wunderschönen Gewächsen nach dem Mann, dem sie die Rose geben sollte. Sie fand ihn schließlich in einer Ecke vor seiner Staffelei. Neben ihm standen ein Sofa und ein Tisch, und auf dem Tisch war eine Tasse mit dampfendem Tee.

»Setz dich doch«, sagte der Maler, ohne die Augen von seiner Leinwand abzuwenden. »Da steht schon eine Tasse Tee für dich bereit.«

Cornelia stellte die Rose auf den Tisch und nahm Platz.

Sie war beeindruckt von dem Bild, das der Maler malte: Diese Blumen sahen so lebendig aus!

Sie trank einen Schluck Tee und beobachtete den Maler. »Es kommt mir vor«, sagte sie, »als ob diese Blumen gleich aus dem Bild springen. Sie sehen so echt aus!«

Der Maler lachte. »Was glaubst du, wo all die schönen Blumen herkommen?« Er zeigte auf die Blumen im Gewächshaus. »Ich habe sie gemalt!«

»Das geht doch nicht!«, antwortete Cornelia. »Bilder werden nicht lebendig.«

»Wirklich nicht?«, fragte der Maler. »Wenn wir ein ganz deutliches Bild in unserem Kopf haben, dann kann das sehr wohl lebendig werden. Wir können das bewirken.«

»Ich hatte heute Nacht einen schönen Traum«, erzählte Cornelia. »Aber der wird nicht lebendig und wenn ich ihn mir noch so fest vorstelle.«

»Ach«, meinte der Maler, »manchmal dauert es eben ein bisschen länger als mit diesen Blumen hier.« Er machte einen letzten Farbtupfer aufs Bild und schon wuchsen die Blumen aus dem Bild heraus.

Sie wuchsen und wuchsen, machten sich selbstständig und rankten um eine Säule hinauf bis zum Glasdach.

Die Leinwand des Malers war wieder weiß.
»Wie haben Sie das gemacht?«, fragte Cornelia. «Da ist doch ein Trick dabei!«
»Nun, ich habe mir in Gedanken einige wunderschöne Blumen vorgestellt – und dann habe ich sie gemalt. So einfach ist das!«, kam die Antwort.
Cornelia glaubte ihm nicht.
»Wenn ich so malen könnte wie Sie, dann würde ich die ganze Welt verändern. Und mich selber auch«, ließ sie nicht locker.
»Aber du kannst so malen wie ich!«, erwiderte der Maler. »Jeder kann das. Nimm zum Beispiel dein Spiegelbild: Das kannst du verändern. Du bist der Künstler und das Spiegelbild ist dein Kunstwerk. Du kannst es zum Lachen bringen, du kannst ihm Ausdruck verleihen, du kannst es sprechen lassen.

Willst du aussehen wie eine Vampir-Prinzessin? Oder wie eine verträumte Fee?

Möchtest du eine verwegene Heldin sein? Oder eine listige Hexe? Dann gib dir dieses Aussehen, indem du dich so verhältst, so denkst, so schminkst, so kämmst und so anziehst, wie du sein willst. Dein Spiegelbild ist kein Schicksal. Du entscheidest, was es darstellt, wie es wirkt und was es den anderen sagt!«
»Kann sein«, sagte Cornelia. »Ich gebe mir ja auch Mühe, hübsch auszusehen.«
»Fehlt nur noch ein Lächeln in deinem traurigen Gesicht«, sagte der Maler und begann seine Leinwand zu bemalen.
Cornelia staunte, weil er ihr Gesicht auf die Leinwand zauberte: ein lächelndes Gesicht mit der Schönheit eines warmen, hellen Sommertages.

»Oh ja!«, rief Cornelia. »So würde ich gerne aussehen!«

»Du weißt doch«, erwiderte der Maler. »Was ich male, das wird lebendig.«
Bald verabschiedete sich Cornelia von dem merkwürdigen Maler und ging nach Hause. Auch in dieser Nacht träumte sie wieder von Caleb: Gemeinsam gingen sie in einem verzauberten Wald spazieren. Als Cornelia am nächsten Morgen aufwachte, dachte sie an den Maler und daran, dass Wirklichkeit werden konnte, was man ganz deutlich vor seinem inneren Auge sah. Vielleicht gab es doch eine Zukunft für Cornelia und Caleb? Cornelia stand auf, ging ins Bad und schaute dort in den Spiegel: Da war es, das lächelnde, schöne Gesicht, das der Maler gestern auf die Leinwand gezaubert hatte. Konnte es wahr sein? Das Bild war lebendig geworden!
Wie möchtest du aussehen? Welches innere Bild von dir soll Wirklichkeit werden? Und beachte: Auch ein Maler beherrscht sein Handwerk nicht vom ersten Tag an, sei also nicht zu streng mit dir, wenn nicht alles sofort so klappt, wie du es dir vorstellst. Probiere etwas aus, mache kleine Experimente. Wie könntest du aussehen? Wie könntest du dich stylen? Mit der Zeit entwickelst du deinen eigenen Stil. Vergiss nie: Du bist die Künstlerin, und du selbst bist dein Kunstwerk!

Dein Tagebuch

Wie möchtest du aussehen? Welchen Eindruck sollen die anderen von dir bekommen? Schreib es in dein Tagebuch!

Menschen, die mir begegnen, sollen Folgendes über mich denken:

....
....
....
....
....
....
....
....
....

Wenn ich mich selbst so malen könnte, wie ich sein will, dann würde Folgendes auf dem Bild zu sehen sein:

....
....
....
....
....

DIE SCHÖNHEIT DES HERZENS 4

Zur Schönheit gehört immer auch die Außenwelt, denn allein auf einer Insel wäre deine Schönheit überflüssig. Zur Schönheit gehören also immer auch die Augen, die sie sehen.
Aber um welche Schönheit geht es dabei? Es geht dabei um die Schönheit, die aus dem Innern eines Menschen kommt. Oder, wie es der Dichter Antoine de Saint-Exupéry sagte: »Man sieht nur mit dem Herzen gut. Das Wesentliche ist für die Augen unsichtbar.«*
Wir schauen andere Menschen sehr oft mit dem Herzen an.
Wie könnten wir jemanden schön finden, den wir nicht ausstehen können? Wir können zwar feststellen, dass dieser Mensch »gut« aussieht. Aber wir finden ihn nicht wirklich von ganzem Herzen schön.

Schönheit hat daher viel mit Liebe zu tun und damit, wie wir uns anderen Menschen gegenüber verhalten. Wie schön kannst du für andere Menschen sein? Finde es heraus mit dem **Test: »Wie offen bist du für andere?«** Studiere anschließend die **Schönheits-Tricks des Herzens**, um mit Hilfe der Liebe noch schöner zu werden. In der W.I.T.C.H.-Geschichte »Die Tag- und Nachtinsel« erkennt Irma, dass nicht alles schön ist, was auf den ersten Blick schön erscheint. Erkunde schließlich in **deinem Tagebuch**, was es bedeutet, etwas mit dem Herzen anzusehen.

* Das Zitat stammt aus »Der kleine Prinz« von Antoine de Saint Exupéry.

Test:
Bist du offen für andere?

Schönheit hat auch viel mit dem Herzen zu tun. Bist du herzlich genug, um schön zu sein? Mach den Test und finde es heraus!

So geht es:
 Lies dir die Fragen durch und wähle jeweils die Antwort aus, die am besten zu dir passt. Kreuze die Kästchen an, die hinter deiner Antwort stehen.

1 Du bist mit deiner Freundin verabredet, aber schrecklich schlecht gelaunt. Wie verhältst du dich?

- 🟩 Ich tue so, als wäre nichts. Ich will sie ja nicht vergraulen oder nerven.
- ❌ Ich erkläre ihr, was los ist, und dann reiße ich mich zusammen.
- 🟦 Ich verschiebe die Verabredung auf ein anderes Mal.
- 🟨 Ich jammere ihr die Ohren voll, bis sie auch schlechte Laune bekommt.

2 Ein Schlammkobold hüpft zu deinem Fenster herein und hinterlässt auf deinem neuen Teppich einen großen, braunen Fleck. Was sagst du zum Kobold?

- ✗ »Mach, dass du wegkommst, bevor du noch mehr Dreck machst!«
- »Das ist ja toll! Ein echter Kobold. Wie lebt ihr Kobolde denn so?«
- »Mach es dir ruhig auf meinem Sofa bequem!«
- Nichts. Ich renne vor Schreck aus dem Zimmer.

3 In deiner Zauberschule in der Hexentrank-Stunde: Deine Lehrerin verwechselt Muschelpulver mit zerstoßenen Drachenzähnen. Machst du sie auf diesen Irrtum aufmerksam?

- ✗ Ich traue mich nicht. Vielleicht täusche ich mich ja? Schließlich bin ich keine Musterschülerin.
- Nein, wozu? Sie ist doch selbst schuld, wenn sie was falsch macht.
- Nein, am Ende stehe ich als Streberin da.
- Ich melde mich und frage, woran man den Unterschied zwischen Muschelpulver und Drachenzähnen erkennt.

4 Deine Lehrerin fährt fort und testet den Trank, indem sie einen Schluck davon trinkt. Sofort verwandelt sie sich in eine Feuer speiende Ratte. Was machst du?

- Ich steige auf den Tisch und kreische, so wie die anderen auch.
- Ich laufe schnell zum Direktor, um Hilfe zu holen.
- ✗ Ich behalte die Ratte im Auge. Sie sollte das Zimmer nicht verlassen.
- Ich fülle mir heimlich eine Flasche mit dem Zaubertrank ab. Wer weiß, wozu das noch gut ist?

5 Ihr bekommt für den Rest des Tages schulfrei und deine Lehrerin ist am nächsten Tag wieder okay. Erzählst du herum, dass du die Verwechslung bemerkt hattest?

- Klar, das kann ich nicht für mich behalten.
- Nein, sonst werde ich noch dafür verantwortlich gemacht.
- Nein, das bleibt mein Geheimnis.
- Ich erzähle es nur meiner allerbesten Freundin.

6 Deine Freundin erzählt dir seit Monaten, dass sie hoffnungslos in einen Vampir verknallt ist. Zeigst du immer noch Verständnis?

- Aber natürlich. Für Freunde muss man immer Verständnis haben.
- Irgendwann reicht es. Ich muss ihr das mal schonend beibringen.
- Ich habe ihr von Anfang an gesagt, wie bescheuert ich das finde.
- Ich stehe ihr bei, auch wenn ich diesen Vampir eklig und blöd finde.

7 Deine Freundin ist ganz stolz auf ihre neuen, rosa glitzernden Totenkopf-Haarspangen. Du findest diese Haarspangen peinlich. Sagst du ihr das?

- Na klar, ich will mich doch nicht mit ihr blamieren.
- Ich deute vorsichtig an, dass sie mir nicht ganz so gut gefallen.
- Ich versuche die Haarspangen hübsch zu finden und schweige.
- Ich sage: »Interessante Haarspangen!«, und denke mir meinen Teil.

8 Du bist in den Besenflug-Star eurer Hexenschule verknallt. Gibst du es offen zu?

- ✗ Nein, das wäre ja peinlich. Ich lache sogar jeden aus, der so etwas zugibt, um nicht in Verdacht zu geraten.
- ✗ Nein, es könnte sich ja zu ihm herumsprechen. Und er darf das auf keinen Fall erfahren!
- Meinen Freundinnen erzähle ich es auf jeden Fall. Vielleicht teilen sie ja meine Leidenschaft?
- Ich erzähle nichts und experimentiere heimlich mit Liebestränken.

Auswertung

Welche Farbe hast du am häufigsten angekreuzt? Hier findest du dein Ergebnis. Hast du mehrere Farben gleich oft angekreuzt? Dann bist du hin- und hergerissen zwischen diesen Ergebnissen.

Du bist nicht auf den Mund gefallen und erfrischend natürlich. Wenn du anderen Menschen begegnest, bist du allerdings immer sehr auf deinen Vorteil bedacht. Du interessierst dich auch am meisten für dich selbst. Ein bisschen Egoismus darf jeder mitbringen, man sollte nie zu selbstlos sein, das macht blass. Aber man sollte auch nicht zu egoistisch sein. Deine Eigenliebe macht dich sicherlich zu einer ausdrucksvollen Persönlichkeit. Doch macht sie dich auch beliebt? Ist deine Schönheit bewegend, beeindruckend und tief? Sie wird es auf jeden Fall sein, wenn du für andere Menschen mehr Interesse aufbringst, ihnen aufmerksam zuhörst und mit ihnen fühlst.

Du bringst das Herz und die Liebe mit, auf die es bei der Schönheit besonders ankommt. Du fühlst mit den anderen Menschen mit, aber du fasst auch deine eigenen Gefühle in Worte und drückst dich aus. Du zeigst, wer du bist, und bist offen und aufmerksam für fremde Schönheiten. Das macht deine Schönheit lebendig und sympathisch. Wunderst du dich über dieses Ergebnis? Nun, deine Schönheit zeigt sich vielleicht noch nicht so deutlich, wahrscheinlich bemerkst du selbst noch recht wenig davon. Persönlichkeit und Schönheit müssen wachsen – deine Persönlichkeit und deine Schönheit wachsen aber gerade recht schnell.

Du hast so ein großes Herz, doch im Vergleich dazu nur wenig Mut. Du hast Angst, dass du unangenehm auffallen könntest. Es fällt dir schwer, in Erscheinung zu treten, dich zu zeigen, auf andere zuzugehen oder womöglich sogar auf Widerstand zu stoßen. Es erscheint dir einfacher zu sein, dich zu verstecken und abzuschotten von allem, was schwierig ist. Doch wie sollen die anderen dein schönes Herz sehen, wenn du ihnen keine Gelegenheit dazu gibst? Du willst perfekt sein, doch perfekt zu sein, ist gar nicht schön. Menschen mit Fehlern und Schwierigkeiten sind sympathisch. Und tatsächlich bist du viel besser, toller und schöner, als du dir das immer einredest. Auf manche Menschen wirkt Verschlossenheit unfreundlich oder sogar arrogant. Dabei hast du ganz andere Gefühle! Lass die anderen an diesen Gefühlen teilhaben.

Du möchtest allen Leuten gefallen. Deswegen sagst du öfter mal, was sie hören wollen, auch wenn du etwas anderes denkst. Oder du verstellst dich sogar in deinen Gedanken, nur um so zu sein, wie dich die anderen – deiner Ansicht nach – haben wollen. Du willst immer freundlich, immer nett und am besten immer gut gelaunt sein. Damit unterdrückst du dein Herz und deine Gefühle. Wer immer lieb und nett ist und seine Schattenseiten verleugnet, ist gar nicht so beliebt. Es ist etwas langweilig, wenn man die Oberfläche immer lieblich schminkt und alles vertuscht, was darunter ist. Du kannst ruhig ehrlicher sein, forsche in dir nach deinen wahren Gefühlen und steh dazu. Das befreit dein Herz und macht dich schön!

Schönheitstricks des Herzens

Wie wirkt sich die Liebe auf die Schönheit aus? Hier erfährst du die Tipps und Tricks des Herzens.

Wer verliebt ist, ist schön
Verliebtheit macht die meisten Menschen schöner: Die Augen glänzen, die Wangen glühen, du siehst dich selbst von der besten Seite und bist ganz positiv eingestellt. Aber was tun, wenn du gerade nicht verliebt bist? Oder unglücklich verliebt?
Manchmal genügt es, von der Liebe zu träumen, einen schönen Liebesfilm zu sehen oder einen Roman zu lesen, um diese Wirkung auf die Schönheit zu erzielen. Erlaube dir schöne, romantische Gedanken – und sie werden dich schöner zaubern.

Du bist reich!
Wen oder was liebst du alles? Das müssen nicht nur Menschen sein. Du kannst auch Bäume, Tiere, Steine, Farben, Bilder, Bücher, Musik oder Gegenstände lieben. Fühle diese Liebe, die in dir steckt und dich schön macht. Dein Herz ist reich! Wenn du dir dessen bewusst bist, bemerken auch die anderen diese Kraft der Liebe in dir. Manchmal fühlst du sie stärker, manchmal nur ganz schwach, aber sie ist immer da.

Verschenke dein Lächeln
Reiche den anderen deine Hand und wenn es auch nur in Gedanken ist. Lade sie dazu ein, dich näher kennen zu lernen oder dir von ihnen zu erzählen. Zeige, dass du Interesse hast, dass du neugierig bist, dass du bereit bist, Freundschaft zu schließen. So ein offenes, freundliches Verhalten wirkt wie ein Magnet: Von dir geht eine gewisse Anziehungskraft aus. Die Menschen schenken dir ihre Aufmerksamkeit und sehen dich von deiner besten Seite.

Wie sehr die Schönheit davon abhängig ist, was man im Herzen fühlt, erkannte auch Irma, als sie »Die Tag- und Nachtinsel« besuchte.

Die Tag- und Nachtinsel

Beim Schwimmen entdeckte Irma eine traumhafte Insel. Leider blieb nicht alles so traumhaft schön, wie es anfangs aussah.

Das Meer war an diesem Tag türkisblau. Irma schwamm weit nach draußen, sie war ja eine gute Schwimmerin und ihre Eltern würden sie nicht vermissen. Die hatten nämlich hier im Urlaub ein anderes Ehepaar kennen gelernt und mit dem waren sie von morgens früh bis abends spät unterwegs. Ohne Irma, denn die wollte im Wasser sein. So weit wie heute war sie allerdings noch nie hinausgeschwommen.

»Nur noch bis zu der kleinen Insel da«, dachte sie. »Dann kann ich mich ausruhen.«

Der weite Weg lohnte sich: Die Insel hatte einen kleinen, hübschen Strand mit feinem, weißen Sand, der in der Sonne glitzerte. Hier blieb Irma erst mal liegen, bis sie hinter sich ein Plätschern hörte. Sie drehte sich um und fand einen Bach, der zwischen den Bäumen hervorkam. Die Blätter der Bäume rauschten leicht in der Brise und zusammen mit dem sanften Wellenrauschen des Meeres klang es wie Musik in Irmas Ohren. »Was für eine traumhafte Insel!«, rief sie. »Und ich habe sie entdeckt!« Irma hatte Lust, noch mehr zu entdecken, darum folgte sie dem Bach ins Innere der Insel hinein. Am Bach blühten hellblaue Blumen und an den Uferrändern lagen runde, leuchtend weiße Steine. Schließlich kam Irma zu einem Wasserfall.

»Hallo, wer bist denn du?«, rief eine helle, freundliche Stimme.

Nach dem ersten erschrockenen Schauer, der Irma über den Rücken lief, drehte sie sich um.

Irma glaubte, dass sie noch nie ein so schönes Mädchen gesehen hatte.

Es leuchtete geradezu mit seinen goldenen Haaren, den strahlend blauen Augen und der hellen, makellosen Haut.
»Ich bin Irma«, erklärte Irma. »Ich habe diese Insel zufällig beim Schwimmen entdeckt.«
»Das ist ja schön«, meinte das Mädchen. »Ich habe so gerne Besuch!«

»Besuch?«, fragte Irma. »Lebst du denn hier?«

»Ja«, antwortete das Mädchen, als wäre es das Normalste der Welt. »Ich habe diese Insel noch nie verlassen. Ich heiße übrigens Blanka.«

Irma wollte fragen, ob Blanka denn nicht zur Schule ginge oder wo ihre Eltern waren. Doch schon führte Blanka sie an einen anderen Ort und erzählte ihr ganz viel über die Bäume, Vögel und Tiere der Insel, sodass Irma zu fragen vergaß. Nachdem Irma die schneeweißen Ziegen der Insel gestreichelt hatte, Käse und Trauben gegessen

und einen wundersam leckeren Saft getrunken hatte, schlief sie im Schatten der Bäume auf dem weichen Gras ein. In ihren Träumen war sie leicht wie ein Vogel und flog über das Meer. Sie war lange unterwegs, doch dann wurde der Himmel ihrer Träume dunkel. Es dämmerte, wurde kälter und schließlich war es Nacht. Irma wachte auf.

Erschrocken stellte sie fest, dass tatsächlich die Nacht angebrochen war.

Sie musste doch noch nach Hause schwimmen! Und ihre Eltern würden sich Sorgen machen! Irma sprang auf, um an den kleinen Strand zurückzukehren, an dem sie angekommen war. Zu ihrer Verwunderung war der Boden unter ihren Füßen matschig und weich. Sie versank darin bis an die Knöchel, als sie die Lichtung verließ und sich durch die dichten Bäume schlug. Dornen kratzten sie, sie stolperte über umgefallene Stämme, irgendetwas Feuchtes hing von den Bäumen herab und streifte sie. Komisch war das, denn sie hatte den Wald ganz anders in Erinnerung. Einmal vernahm sie ein Fauchen neben sich, das gar nicht freundlich klang, und dann den heulenden Schrei eines Vogels. Glücklicherweise hörte Irma den Bach neben sich, sonst hätte sie sich hoffnungslos verirrt. Allerdings plätscherte der Bach nicht mehr, sondern floss träge vor sich hin. Ein modriger Geruch stieg von ihm auf.

»Keinen Schritt weiter!«, rief nun eine Stimme unmittelbar vor Irma.

»Blanka?«, fragte Irma unsicher und blieb stehen.
»Nicht Blanka!«, schimpfte die Stimme. »Ich bin Nigra, Blankas Schwester. Was machst du hier? Du hast hier nichts verloren!«
»Bin schon auf dem Heimweg«, erwiderte Irma. »Wenn du mich also vorbeilassen würdest?«
»In zehn Minuten lasse ich meine Hunde los!«, drohte Nigra. »Wenn du dann nicht weg bist, hast du Pech gehabt!«
»Schon verstanden«, murmelte Irma und drückte sich an Nigra vorbei, um zum Strand zu gelangen. Dabei konnte sie Nigras Gesicht erkennen: Es war ein furchtbarer Anblick! Nigras Gesicht war voller Narben und Pusteln. Ihr Haar war strähnig und schwarz, ihre Augen eingefallen und blutunterlaufen. Als Nigra noch einmal den Mund aufmachte, sah Irma lauter krumme Zähne und eine Zahnlücke.
»Was glotzt du so? Hau ab!«, rief Nigra und Irma lief, so schnell es die garstigen Bäume zuließen. Zitternd warf sich Irma ins Wasser und schwamm den langen Weg nach Hause.

In den nächsten Tagen musste Irma immer wieder an die Insel denken.

Sie konnte das alles doch nicht geträumt haben? Wieso hatte Blanka eine so ungleiche Schwester? Und warum war die Insel in der Nacht so verändert gewesen? Am Nachmittag des dritten Tages machte sich Irma noch einmal auf den Weg. Eigentlich wollte sie nur von weitem einen Blick auf die Insel werfen, doch als der Strand wieder so weiß und einladend aussah, watete sie an Land, um sich kurz auszuruhen. Während Irma dort saß, ging langsam die Sonne unter. Kaum hatte sie den Horizont berührt, wurde der weiße Sand hellbraun – so, wie Sand normalerweise aussieht.

»Hallo Irma!«, rief Blanka. Sie setzte sich neben Irma an den Strand und Irma fand, dass Blanka sich verändert hatte. Ihre Haare leuchteten nicht mehr, sie waren eher dunkelblond. Ihre Augen mochten grün oder braun sein. Eigentlich sah Blanka ganz normal aus. Sie war hübsch, hatte aber ein bisschen Ringe unter den Augen, als hätte sie schlecht geschlafen.

»Du hast ja eine ekelhafte Schwester«, sagte Irma. »Sie wollte ihre Hunde auf mich hetzen.«

»So ist sie immer«, sagte Blanka. »Mach dir nichts draus.«
   Blanka lächelte entschuldigend und Irma fand, dass Blanka heute noch netter war als beim letzten Mal. Vielleicht, weil sie nicht so überirdisch war, sondern so menschlich wie Irma selbst.

»Ich hatte ganz schön Angst vor ihr«, gestand Irma.

»Das geht mir auch manchmal so«, sagte Blanka. »Aber sie hat eigentlich noch nie was wirklich Schlimmes angestellt.«

Von der Sonne war nur noch der obere Rand über dem Meer zu sehen. Blankas Haar war noch dunkler geworden, die Ränder unter ihren Augen schwärzer und ihre Lippen sahen schmaler aus.

»Ich gehe jetzt besser«, meinte Blanka. »Und du auch. Nigra wird gleich kommen und du weißt ja, wie sie ist.«

Irma sah Blanka an und da ging ihr auf einmal ein Licht auf.

»Du! Du bist Nigra! Du verwandelst dich, wenn es dunkel wird!«

»Ja. Ich bin Nigra und Blanka«, antwortete Blanka. »Und nur, wenn es dämmert, bin ich so wie du, Irma. Dann kann ich schön und hässlich gleichzeitig sein, dann habe ich alle guten und schlechten Seiten in mir und darf selbst entscheiden, was ich daraus mache.«

Die Sonne verschwand und es wurde schlagartig dunkler. »Und jetzt mach, dass du wegkommst!«, schimpfte Blanka oder vielmehr Nigra, doch Irma glaubte herauszuhören, dass es Nigra nicht so böse meinte. Nigra sah auch nicht mehr ganz so hässlich aus wie das letzte Mal. Eigentlich war sie ein interessantes Geschöpf – jetzt, da Irma keine Angst mehr vor ihr hatte, konnte sie Nigra von dieser Seite aus betrachten.

»Ja, ich muss nach Hause«, sagte Irma. »Aber ich komme wieder.«

Und nun sah es fast so aus, als ob Nigra sich freute.

Dein Tagebuch

Nichts ist von vornherein klar. Alles verwandelt sich mit dem Blick, den wir darauf werfen. Was wir ängstlich und misstrauisch betrachten, ist hässlicher als das, was wir neugierig und liebevoll betrachten. Willst du in einer schönen Welt leben? Dann sieh dir alles mit dem Herzen und nicht nur mit den Augen an.

Willst du es mal ausprobieren?

Dann nimm dir einen Gegenstand aus deinem Zimmer, den du sehr schön findest: eine Dose, einen Kerzenleuchter, ein besonderes Glas oder was dir einfällt.

Wie sieht der Gegenstand aus? Beschreibe, was deine Augen sehen – also Farbe, Form, Größe, Muster und mehr:

....
....
....
....
....
....
....
....
....
....

Und nun beschreibe den gleichen Gegenstand mit dem Herzen. Warum findest du ihn schön? Welche Erinnerungen und Träume sind damit verbunden? Was magst du an diesem Gegenstand besonders?

....
....
....
....
....
....
....
....
....
....
....
....
....
....
....

Bemerkst du den Unterschied? Das Gleiche kannst du auch mit einem Menschen ausprobieren.

SCHÖNHEITS-ZAUBER

5

Was kannst du tun, um schöner zu werden? Natürlich kommt Schönheit von innen, aber dazu gehört auch, wie du mit dem, was von außen kommt, umgehst. Was isst du? Was tust du und was lässt du bleiben? Pflegst du dich? Schenkst du deinen Haaren, deiner Haut, deinem Aussehen genügend Aufmerksamkeit?

In diesem Kapitel findest du allerlei praktische Schönheitstipps. Du erfährst, wie du die **Kraft der Bewegung und die Magie der Stille** für deine Schönheit nutzen kannst. Mach dir klar, dass du dich **schöner essen** darfst – und dich nicht schön zu hungern brauchst. Bei den **Schönheitsrezepten** findest du natürliche Rezepte für Masken, Bäder und andere Kosmetik zum Selbermachen. Lege schließlich in **deinem Tagebuch** dein eigenes **Schönheits-Album** an. Mit Rezepten, Ideen und Fotos.

Kraft der Bewegung und Magie der Stille

Bewegung, die von selbst kommt und natürlich ist, sieht sehr schön aus. Hast du schon mal einen reißenden Bach beobachtet? Wie sich das Wasser über die Steine bewegt, wie es einen Wasserfall hinabstürzt und dabei spritzt und springt?

Doch auch Stille kann schön und kraftvoll sein. Hast du schon mal einen See im Gebirge gesehen, dessen Oberfläche ganz still und glatt war? In dem sich alles spiegelt, der tief, eiskalt und wunderschön ist?

Wenn du schön sein möchtest, dann vereinige Bewegung und Stille in deinem Leben. Wer immer nur rennt, sich beeilt, hastet, sich abkämpft – der ist nicht schön. Wer immer nur schläft und träge ist, schlaff abhängt und sich nur mit Mühe vom Fleck rührt – der ist auch nicht schön.

3 Tipps für Bewegung

Schöne Hobbys

Für dein Aussehen und deine Gesundheit ist es gut, wenn du ein paar Hobbys hast, bei denen du dich bewegst. Wichtig ist, dass du das nicht machst, weil du musst, sondern weil es dir Spaß macht und du etwas erreichen willst. Finde heraus, was du lernen möchtest: Ballett, Bauchtanz, Karate, Leichtathletik, Schwimmen, Fußball, Hockey, Reiten – es gibt so viele Möglichkeiten!

Verknüpfe deinen Sport mit deinen Idealen oder Träumen. Du willst ein Star werden? Dann lerne tanzen. Du wärst gern eine Fantasy-Heldin? Dann lerne eine Kampfsportart und/oder Reiten.

Schöne Energie

Manchmal fällt es uns schwer, uns aufzuraffen. Je länger wir dann träge sitzen bleiben, desto schwerer wird es. Allmählich stecken wir unsere Energie in schlechte Laune. Dass das nicht schön macht, kannst du dir denken. Also denk nicht länger darüber nach, dass du zu irgendwas keine Lust hast. Mach einfach den ersten Schritt – und dann sieh weiter.

Oft reicht es, mit einer Bewegung anzufangen. Dann geht es meist von alleine und macht sogar Spaß. Freu dich darauf, deine Energie auszuleben, leg einfach los, statt dich zu verkriechen und ein schlechtes Gewissen zu haben.

Schöner Geist

Nicht nur körperlich, auch geistig können wir in Bewegung bleiben. Geistige Beweglichkeit kann so aussehen:

● Probiere öfter mal was Neues aus: neue Bücher, neue Musik, neue Filme, neue Verhaltensweisen, neue Klamotten, auch neue Freunde – je nachdem, was sich gerade anbietet. Erforsche, was du noch nicht kennst.

● Sei immer darauf vorbereitet, dass Dinge anders kommen können, als du es erwartest. Deine Freunde wollen heute doch nicht ins Kino, sondern Pizza essen gehen? Nicht enttäuscht sein, geh einfach mit und hab Spaß.

● Betrachte Menschen, Ereignisse und dich selbst von unterschiedlichen Seiten. Ein Beispiel: Such dir einen Gegenstand aus, der gerade vor dir auf dem Tisch steht. Und nun geh um den Gegenstand herum, bleib immer wieder stehen und betrachte ihn. Merkst du, wie sich sein Aussehen immer wieder verändert? Nur wer um die Dinge herumgeht und ihre vielen Gesichter kennen lernt, kann sich ein wahres Bild von der Welt machen.

3 Tipps für Stille

Magische Ruhe

Setz dich ab und zu ganz alleine in dein Zimmer und suche deine innere, magische Stille. Setze dich dazu aufrecht, aber bequem hin. Atme tief ein und aus. Denke an nichts Bestimmtes, schließe die Augen und fühle die Kraft der Ruhe, die in dir steckt.

Diese Ruhe ist sehr wertvoll! Wenn du darin geübt bist, diese Ruhe zu finden, kannst du sie in aufregenden Situationen benutzen. Dann gibt sie dir Raum, Sicherheit, Gelassenheit und Überzeugungskraft.

Magischer Schlaf

Ausreichend Schlaf ist sehr wichtig für ein schönes, strahlendes Aussehen. Wenn du abends oder nachts nicht einschlafen kannst, helfen dir vielleicht folgende Tricks:

- Trinke vor dem Schlafengehen einen Kräutertee und lese dazu in einem Buch, das dich zum Träumen anregt. Wenn du dann das Licht löschst, reise mit deinen Gedanken in die Welt des Buches. Überlege, was du dort machen würdest. Weit kommst du wahrscheinlich nicht, da der Schlaf dich einholt.

- Was wäre, wenn die Lieblingsfarbe aller Menschen Rosa wäre? Wenn es auf dem Mond Städte gäbe? Wenn Telefonleitungen Gefühle übertragen könnten? Wenn plötzlich alle Fernseher dieser Welt kaputtgingen? Beschäftige dich mit einer dieser Fragen, stelle dir die Folgen genau vor, bis der Schlaf kommt und deine Gedanken unterbricht.

- Verzichte abends auf schweres Essen und aufregende Filme. Lass deine Probleme los, denn du wirst sie entweder im Schlaf oder am helllichten Tag lösen, jedoch nicht, während du im Dunkeln wach liegst und dir Stress machst. Fühle dich frei und werde dir klar darüber, dass alles, was dich bedrückt, nicht so wichtig ist.

● Wackle ausdauernd mit den Fußzehen oder strample, als würdest du Fahrrad fahren. Zähle dir alle Namen auf, die du kennst, oder sage das Alphabet rückwärts auf. Gähne zehnmal hintereinander – probiere einfach aus, was bei dir am besten wirkt.

Magische Pausen

Erlaube dir Ruhepausen, in denen du träumst, abschaltest und dein Leben genießt. Vor allem, wenn du Stress hast, darfst du dir diese Freiheit herausnehmen. Du sagst: »Stopp – ich nehme mir eine Pause.« Warum darfst du das? Weil du, wenn du in der Pause richtig losgelassen hast, danach viel lockerer bist. Du wirst deine Aufgaben gezielter, ruhiger und schneller erledigen. Wer rastlos ist und sich vom Stress besiegen, überrumpeln und über den Tisch ziehen lässt, macht lauter Fehler, verkrampft sich und ist am Ende mit seiner Arbeit nicht zufrieden. Deswegen hast du das Recht, auch in angespannten Situationen oder bei Zeitnot loszulassen und schönen Gedanken nachzuhängen.

Schöner essen

Ob jemand schön ist oder nicht, hängt auch damit zusammen, was er oder sie in sich hineinstopft: Fettes, süßes oder stark gewürztes Essen verkraftet der Körper schwerer als gesundes Essen. Aber gesundes Essen schmeckt nicht jedem. Was tun?

Bloß keine Diät

Wie soll das denn gehen? Du quälst dich und deinen Körper drei Tage, drei Wochen oder drei Monate mit der Ananas-, Eier- oder Pfefferminzblättchen-Diät und danach bist du für immer schlank und schön? Das glaubst du ja selbst nicht. Sich quälen, einseitige Diät-Pläne und gute Vorsätze für eine begrenzte Zeit – das richtet eher Schaden an. Vergiss es!

Ändere dich!

Ändere deine Art zu essen. Du musst dich nicht radikal verändern und zu etwas verdonnern, was du nicht magst. Kleine Schritte bringen auf Dauer mehr. Vor allem solltest du deine Ernährung so verändern, dass du die Veränderung für immer (!) durchhältst.

Dein natürliches Gewicht

Was ist dein natürliches Gewicht? Die meisten Menschen sind von ihrer Veranlagung her nicht so dürr wie der Großteil der Models aus den Modemagazinen, sondern bringen einfach ein paar mehr Kilo mehr auf die Wage. Entsprechen diese Rundungen deiner Natur, kann das sehr schön aussehen. Marilyn Monroe z.B. hatte sehr pummelige Phasen in ihrem Leben. Ihrer Wirkung auf Männer hat das keinen Abbruch getan, denn sie sah nun mal wunderschön aus!

Hamburger oder Salat?

Jeder weiß: Hamburger und Pommes in Massen sind ungesund und machen dick; Salat, Obst und Gemüse sind gesund und machen schlank. Aber die wenigsten Leute essen lieber Mohrrüben mit Joghurt als Hamburger. Was tun?
Schlage die richtige Richtung ein: Iss keinen riesigen Burger, sondern den kleinsten auf der Karte und dazu Salat. Trinke eine kleinere Cola und dafür mehr Wasser oder Saftschorle. Du darfst essen, was dir schmeckt! Nur teile es dir gut ein, iss nicht zu viel davon. Stille deinen übrigen Hunger mit dem, was gesünder ist.

Reinstopfen und Joggen?

Wer viel Sport macht, heißt es, der kann auch mehr essen. Aber natürlich macht Sport auch hungrig. Wenn du allerdings nach dem Joggen, Tanzen oder Radfahren eine Tüte Chips oder eine Tafel Schokolade vernichtest, ist das weder gesund noch tut es deiner Figur gut. Was tun? Weniger bewirkt mehr: Ein bisschen Schokolade, ab und zu auch mal Chips, das darfst du dir leisten. Aber nur, wenn du zum Ausgleich auch was Gesundes isst. Mit dem Sport solltest du es nicht übertreiben. Gut ist, wenn du in dein Leben Bewegung einbaust. Es wäre toll, wenn es zu deinem Leben gehören würde zu tanzen, zu reiten, zu rennen – was auch immer dir Spaß macht oder dir etwas bedeutet. Damit verhinderst du, dass du träge wirst und es wirkt sich gut auf dein Äußeres aus.

Lieber ohne Geschmacksverstärker!

Chips, Fertiggerichte, Suppen, Soßen, Wurst, Pizza – vieles davon kommt kaum noch ohne den so genannten »Geschmacksverstärker« aus. Auf den Packungen steht der Geschmacksverstärker auch als »Natriumglutamat« unter den Zutaten. Manchmal ist er auch getarnt als »Würze«. Lass die Finger von diesem Zusatzstoff! Bitte deine Eltern, die Zutatenlisten beim Einkaufen daraufhin zu studieren. Der Geschmacksverstärker lässt eine Speise besonders würzig schmecken, doch er regt deinen Appetit auch auf künstliche Weise so stark an, dass du viel mehr isst, als dein Körper eigentlich an Nahrung bräuchte. In großen Mengen genossen kann diese Zutat sogar Übelkeit, Kopfschmerzen, Durchfall und andere Nebenwirkungen hervorrufen. Verlasse dich also lieber auf den natürlichen Geschmack des Essens. So wird dein Körper nicht in die Irre geführt.

Weder hungern noch platzen

Es bringt gar nichts, Mahlzeiten hinauszuzögern. Man schlägt sich dann nur umso gieriger und wahlloser den Bauch voll, wenn man dann endlich essen darf. Achte darauf, dass du immer leicht gesättigt bist, esse nicht zu fett und nicht zu süß. Und wenn du isst, dann stopf dich nicht bis zum Platzen voll. Du willst deinen Magen ja nicht darauf trainieren, Höchstleistungen im Rekordessen zu vollbringen.

Essen soll Spaß machen

Lebensfreude ist auch sehr wichtig für die Schönheit. Wer hungert, um schöner zu sein, aber dafür unglücklich oder unerträglich ist, verfehlt sein Ziel. Denn wer mag schon einen sauertöpfischen Gesichtsausdruck? Erlaube dir, das Essen zu genießen, und führe nur solche Veränderungen ein, die dich nicht quälen.

Wie man isst, ist auch eine Frage der Persönlichkeit. Kannst du dir selber beibringen, vernünftiger zu essen? Das Ungesunde etwas einzuschränken, das Gesunde ein bisschen stärker zu berücksichtigen? Wenn du das schaffst, kannst du stolz auf dich sein. Nicht nur das gesündere Essen macht dich schöner, sondern auch die Fähigkeit, deine Angewohnheiten langsam zu verändern. Viele Leute, die jedes Jahr drei Diät-Neuheiten ausprobieren, machen es sich zu einfach. Sich selbst zu verändern, ist schwer. Wer es schafft, mit kleinen Schritten und einem Empfinden für die eigenen Bedürfnisse gesünder zu essen, der gewinnt an innerer Stärke – und beeindruckt damit andere Menschen.

Schönheitsrezepte

Wie kannst du dich mit einfachen, natürlichen Mitteln schöner machen? Hier findest du eine Auswahl an Schönheitsrezepten.

Avocado-Maske

1/4 reife Avocado (sie sollte schön weich sein)
1 Teelöffel Zitronensaft
1 Teelöffel Honig
1 Teelöffel Quark

Verwöhne deine Gesichtshaut, damit sie noch schöner wird: Entferne von der Avocado Schale und Kern. Zerdrücke die Frucht mit einer Gabel, gib Zitronensaft, Honig und Quark hinzu. Verrühre das Ganze zu einer cremigen Masse und verteile diese auf dem Gesicht. Lass dabei die Auge- und Mundpartie frei. (Die Maske wirkt auch auf Hals, Händen und an allen anderen Körperpartien.) Nach 15 Minuten Einwirkzeit kannst du die Maske mit lauwarmem Wasser abwaschen.

Öl-Maske

1 Esslöffel Sesamöl
1 Teelöffel Honig

Eine Wohltat für deine Gesichtshaut: Vermische das Sesamöl mit dem Honig und trage die Masse mit einem Pinsel auf das Gesicht auf, spare wieder die Augen- und Mundpartie aus. 15 Minuten einwirken lassen, dann mit warmem Wasser abwaschen.

Bananen-Packung fürs Gesicht
1/4 Banane, möglichst weich
1 Esslöffel Sahne

Vor allem trockene Haut wird durch die Bananen-Packung wieder weich und zart: Zerdrücke die geschälte Banane mit einer Gabel und gib die Sahne hinzu. Beides gut vermischen und die Masse auf deinem Gesicht verteilen. Nach 15 Minuten mit warmem Wasser abwaschen.

Reinigungsmilch fürs Gesicht
1 Tasse Buttermilch
1 Teelöffel Honig
1 Teelöffel Zitronensaft
1 verschließbares Gefäß

Mit dieser Milch kannst du dein Gesicht reinigen und pflegen: Zutaten leicht erhitzen und verrühren, dann in das Gefäß füllen und im Kühlschrank aufbewahren. Vor Gebrauch schütteln, die Reinigungsmilch mit einem Wattebausch aufs Gesicht auftragen und leicht einmassieren. Kurz einwirken lassen und dann mit warmem Wasser abspülen. Innerhalb von drei Tagen verbrauchen.

Gesichtswasser
1 Esslöffel Milch
1/2 Tasse Kamillentee
1 Teelöffel Zitronensaft

Zutaten mischen, mit einem Wattebausch aufs Gesicht auftragen und mit einem trockenen Tuch abtupfen. Dadurch wird die Haut beruhigt, gereinigt und erfrischt.

Hilfe für müde Augen
2 Gurkenscheiben
oder
2 Kartoffelscheiben
oder
2 ausgedrückte Teebeutel mit schwarzem Tee

Lege dir 2 rohe Gurken- oder Kartoffelscheiben auf die geschlossenen Augen. Das erfrischt und macht die Augen wieder lebendiger.
Auch 2 benutzte, ausgedrückte Teebeutel mit schwarzem Tee können deine Augen wieder munter machen. Lass sie vorher abkühlen, damit sie nicht zu heiß sind.

Hilfe gegen Pickel
- Wenn man die Pickel mit Zitronensaft betupft, verschwinden sie schneller.
- Verwende keine Seife fürs Gesicht, da sie den Säureschutzmantel der Haut angreift.
- Viel Wasser trinken und Kräutertees – das ist gut für die Haut.

Leckerer Lippenbalsam
1 Tropfen Sahne
1 Tropfen Honig

Verrühre die Sahne mit dem Honig und trage die Mischung auf die Lippen auf. Raue Lippen werden dadurch wieder samtig weich.

Spülung für normales bis fettiges Haar
2 Beutel Kamillentee
2 Esslöffel Zitronensaft
1 Esslöffel Essig
1 Teelöffel getrockneter Thymian

Diese Spülung tut deinem Haar gut und macht es glänzender: 2 Beutel Kamillentee und den getrockneten Thymian mit einem halben Liter kochendem Wasser übergießen, 10 Minuten ziehen lassen, dann abkühlen und durch ein Sieb laufen lassen, um den Thymian herauszufiltern. Essig und Zitronensaft zugeben – fertig ist die Spülung. Spüle dein Haar nach der Haarwäsche mit dieser Mischung. Nicht ausspülen, sondern das Haar wie gewohnt trocknen und kämmen.

Bananen-Packung für trockenes Haar
1/2 Banane
1 Eigelb
2 Esslöffel Olivenöl (oder anderes Öl)
2 Esslöffel Joghurt

So tust du deinem trockenen Haar etwas Gutes und machst es wieder geschmeidiger: Die Banane zerdrücken und mit den übrigen Zutaten vermischen. Auf das ganze Haar streichen, 20 Minuten einwirken lassen und dann mit ein bisschen Shampoo und viel Wasser ausspülen.

Bade-Traum
1/2 Liter Milch
2 Esslöffel Honig
3 Tropfen Lavendelöl
1/2 Tasse Essig

Dieses Bad ist wohltuend für die Haut und macht sie weich und samtig: Die Milch erwärmen und den Honig darin auflösen. Milch und Honig zusammen mit dem Essig und den 3 Tropfen Lavendelöl ins Badewasser geben. Gut mit dem Wasser vermischen und entspannt darin baden.

Balsam für schöne Hände
1 Teelöffel Kristallzucker
1 Esslöffel Oliven- oder Weizenkeimöl
1-2 Tropfen Pfefferminzöl

Dieser Hände-Balsam pflegt rau gewordene Hände und macht sie wieder zart. Vermische die Zutaten, trage die Mischung auf die Hände auf und massiere sie gut ein. 5 Minuten einwirken lassen – dabei nichts anfassen, wenn du keine Fettflecken hinterlassen willst. Danach mit ein bisschen Seife warm abspülen und abtrocknen.

Milch-Zitronen-Kamille-Handbad
2 Tassen Kamillentee
1/4 Liter Milch
1 Teelöffel Zitronensaft
1 Spritzer Olivenöl (oder anderes Öl)

Dieses Handbad tut den Händen gut: Zutaten in einer Schüssel vermischen, die Hände hineinlegen und 10 bis 15 Minuten darin baden. Macht die Haut der Hände weich und schön.

Zauber gegen raue Ellenbogen
1 ausgepresste Zitronenhälfte

Hast du auch manchmal raue, grau verfärbte Ellenbogen? Dann reibe die Ellenbogen öfter mal mit dem Inneren einer ausgepressten Zitronenhälfte ein und creme sie anschließend mit Handcreme ein. Dadurch werden die Ellenbogen wieder schön.

Entspannungsbad für die Füße
1 Liter heißes Wasser
3 Esslöffel Salz
3 Tropfen Rosmarin- oder Lavendelöl
1 Tasse Grapefruitsaft (oder 1 Esslöffel Zitronensaft)

Gib ungefähr 1 Liter heißes Wasser in eine Schüssel und rühre die anderen Zutaten hinein. Stelle deine Füße ins Wasser und bade sie 15 Minuten lang. Danach aus dem Wasser nehmen, abtrocknen, mit den Zehen wackeln und die wohlige Wirkung spüren.

Dein Tagebuch

Nun hast du viel darüber erfahren, wie man seine eigene Schönheit finden und zum Ausdruck bringen kann. Was bedeutet Schönheit für dich? Wie willst du aussehen? Lege dir ein persönliches Schönheitsalbum an, in dem du festhältst, was dir für deine Schönheit besonders wichtig ist.

Mein Schönheitsalbum

- Klebe hier Bilder von Menschen ein, die du schön findest. Auch dein Lieblingsbaum, deine Lieblingsfarbe oder ein besonders schönes Tier haben einen Platz in deinem Album verdient.

- Notiere dein liebstes Schönheitsrezept oder schreibe ein Gedicht über die Schönheit. Bitte deine Freundin, in dein Schönheitsalbum zu schreiben, was sie unter Schönheit versteht.

- Fällt dir noch mehr zum Thema Schönheit ein? Gibt es einen wichtigen Gedanken, den du hier verewigen willst? Dann leg los: Dies hier sind deine persönlichen Seiten!

NACHWORT
Es gibt noch viel zu entdecken!

Jetzt hast du hoffentlich viel über dich und deine Schönheit erfahren. Doch der Weg hört hier nicht auf, er geht immer weiter. Lerne dich selbst besser kennen, zeige der Welt dein wahres Gesicht und werde damit immer schöner. Dazu gehört vor allem, dass du dich schön fühlst. Denn die eigene Schönheit im Spiegel zu sehen, das ist gar nicht so leicht. Schönheit hat so viel damit zu tun, wie du mit anderen Menschen sprichst, wie du sie anlachst, wie du ihnen gegenüber eine Meinung vertrittst. All das kann dir dein Spiegel nicht zeigen. Vielleicht zeigt er dir ein zufriedenes Gesicht und ein Paar glänzende, leuchtende Augen, die neugierig in die Welt blicken. Dann bist du auf dem besten Weg! Lass dich nie entmutigen:

Denn Schönheit ist vor allem ein Gefühl, das in dir steckt!

Wenn du es suchst, wirst du es finden. Und vergiss nicht: Du bist eine Heldin, genauso wie Will, Taranee, Cornelia, Irma und Hay Lin. Deine alltägliche Welt ist ein Ort, an dem sich das Wunderbare verbirgt. Diese Welt kannst du erobern. Worauf wartest du noch? Die W.I.T.C.H.-Freundinnen wünschen dir viel Erfolg!

Hast du Lust, noch mehr über deine inneren Schätze herauszufinden? Möchtest du nicht nur schön sein, sondern auch tolle Freunde haben oder dich glücklich verlieben? Dann begib dich mit den W.I.T.C.H.-Mädchen auf zwei weitere aufregende Reisen. Im vgs-Band: »Entdecke, was in dir steckt: Die Magie der Freundschaft« erfährst du, was Freundschaft ist und wie du sie für dich gewinnen kannst. Im vgs-Band: »Entdecke, was in dir steckt: Die Magie der Liebe« findest du Liebesorakel, magische Liebes-Tricks, um Jungs zu verzaubern, und natürlich Tests, die dich in dein Inneres führen, dahin, wo der Zauber der Liebe zu Hause ist!

Entdecke mehr von dem, was in dir steckt!

Die Magie der Freundschaft
ISBN 3-8025-3347-X

Die Magie der Liebe
ISBN 3-8025-3378-X

Neue Romane voller Spannung

Die goldene Quelle

ISBN 3-8025-3496-4

Die Stürme des
Wettermachers
ISBN 3-8025-3497-2

www.vgs.de